歴史文化ライブラリー
476

考証 東京裁判

戦争と戦後を読み解く

宇田川幸大

吉川弘文館

目　次

近代日本の戦争と東京裁判—プロローグ……1
空前絶後の裁判／戦争と暴力の時代／近代日本の戦争と未曽有の被害／不可視化された被害／東京裁判を読み解く視点

裁きへの道

日本の戦争と欧米諸国の怒り……14
マッカーサーが目の当たりにしたこと／凄惨な連合国軍捕虜への虐待／四人に一人が死んでいる／生きて虜囚の辱めを受けず／ジュネーヴ条約の「準用」？／ポツダム宣言から降伏文書へ

戦争責任の追及と国際検察局の始動……26
日本の敗戦から占領政策へ／占領政策の展開と戦争責任の追及／動き出す国際検察局

尋問の諸相……32

国際検察局と関係者への尋問／陸軍関係者への尋問／陸軍軍人が尋問で語ったこと／問われた真珠湾攻撃の責任／岡敬純の尋問／突きつけられた証拠／外務官僚への尋問／自衛戦争論のはらんだ問題／独伊との世界侵略共謀／「陸軍の支配を容認」

重視された被害と軽視・無視された被害……53

「通例の戦争犯罪」の追及方針／捕虜問題への執念／追及と「協力者」／無視された植民地支配／痛覚なき尋問

「第二の戦争」　日本側の裁判対策

裁判対策の開始……64

戦争は継続している！／日本政府と裁判対策／陸軍の裁判対策と弁護人の選定／海軍の裁判準備と弁護人の選定／外務省の態度と裁判準備

交差する戦争観―陸軍・海軍・外務省の確執……73

誰が戦争を引き起こしたのか／陸軍の戦争観／海軍の戦争観／外務官僚の戦争観／継続する相互不信

弁護団の内部対立……83

国家弁護と個人弁護／国家弁護をめぐる関係者の複雑な想い／自衛か侵略か

進行する陸軍・海軍・外務省の裁判対策……90
陸軍の裁判対策の内容／海軍の裁判対策の内容／外務官僚の裁判対策の内容／公文書の焼却・隠匿と戦争責任隠蔽工作／重視された捕虜問題に関する対策／看過される植民地支配

法廷での攻防

始まった検察側の立証……100
起訴状、提出される／起訴状と訴因／「共同謀議」・「殺人」／「事後法」問題と「通例の戦争犯罪」の重視／裁判の開廷と検察側立証／検察側の「歴史認識」と追及方針／追及方針にはらまれた問題

検察側の立証と日本軍の残虐行為……119
裁かれた残虐行為／中国における残虐行為／フィリピンにおける残虐行為／東南アジアにおける残虐行為／検察側の立証と残虐行為

弁護側の反証……126
弁護側反証段階の開始／弁護側の「歴史認識」／困難を極めた残虐行為に関する弁明／苦しい弁明

審理と陸海軍……133
陸軍からみた審理／通用しなかった陸軍の主張／陸軍と残虐行為／海軍からみた審理／海軍の弁明／海軍の弁明はどのように受け止められたのか

審理と外務官僚……144
外務官僚と審理／一部の極端な外交官が同盟締結を推進！／通告遅延は誰の責任だったのか？／外務省は「郵便ポスト」？／外務省は捕虜問題に無権限？／日米開戦の責任は軍にある！／弁明の限界／問われざる外務省の諸問題／浮かび上がる日本の戦争の姿

下された判決

判決書と日本の戦争、残虐行為……162
最終論告、最終弁論、そして判決へ／多数派の形成と判決書の起草／「世紀の審判」くだる／判決書と日本の戦争／判決書と残虐行為／残虐行為の命令と許容／重視された連合国捕虜の問題、二の次にされるアジア人住民

判決書と陸海軍、外務省……174
判決書と陸軍／陸軍関係の残虐行為と量刑／判決書と海軍／海軍関係の被告人への量刑／判決書と外務省／外務省と残虐行為／問われなかったジュネーヴ条約「準用」回答の責任／外務省関係の被告人への量刑

問われざる問題群と責任者……188
昭和天皇／「日本民衆」をめぐる問題／水面下での戦争犯罪の免責／中堅幕僚の責任をめぐって／国際法認識の問題

勝者と敗者の負の連関性……197

裁判の根底を流れる「発想」／東京裁判と帝国主義・植民地主義／判決書と帝国主義・植民地主義／東京裁判とレイシズム／序列化された戦争被害／継続する「帝国意識」

サンフランシスコ平和条約と戦後日本―エピローグ……………211

戦犯裁判の早期終結へ／動き出すアメリカ／サンフランシスコ平和条約と賠償／賠償請求権放棄の「例外」／サンフランシスコ平和条約に引き継がれた「序列」／東京裁判の積み残した課題と私たち

あとがき

参考文献

近代日本の戦争と東京裁判——プロローグ

空前絶後の裁判

極東国際軍事裁判。東京の市ヶ谷で開催されたこの裁判は、一般には東京裁判と呼ばれている。日本が行った侵略戦争や残虐行為に関して、国家指導者たちの責任が追及されたのである。一九四六年五月三日に開廷、一九四八年一一月一二日に刑の宣告が行われている。アメリカ、イギリスなど、欧米諸国を中心とする一一か国が、東条英機《とうじょうひでき》（元首相・参謀総長・陸軍大臣）以下二八人の被告人（公判中に三人が病死などで免訴）を裁くという形式で裁判は進んだ。弁護側と検察側が提出し、裁判所が受理した証拠は三九一五通、出廷証人は四一九人に及んでいる（東京裁判ハンドブック編集委員会編『東京裁判ハンドブック』）。審理の過程を記した「速記録」も、英文で四万九八五八ページという長大な記録となった。東京裁判は、膨大な証拠・証言を駆使して、近代日本の歩みそのものを議論の俎上《そじょう》に載せるものだった。

現在を生きる私たちが、この東京裁判を考えることにはどのような意味があるのだろうか。また、裁判から何を学び取る必要があるのだろうか。まずはこの点について、近代日本の戦争の経緯やその被害について、ごく簡単に整理しながら考えておきたい。

戦争と暴力の時代

日本の近代は、戦争と暴力の時代であった。日本は、明治の幕開けとともに近代国家を志向してひた走った。一九世紀後半から二〇世紀前半、当時の世界は、欧米列強が植民地などの支配地域の維持・拡大を目論む、帝国主義の時代である。こうした大きな世界史の流れに、日本は合流してゆく。「大日本帝国」という、その名が象徴しているように、日本もまた、「帝国」を志向するアジアでも随一の軍事大国へと変貌していった。

一八九四年には日清戦争が勃発、二〇世紀に入って間もない一九〇四～〇五年には、日露戦争が展開される。朝鮮、台湾などに対する植民地支配の開始、第一次世界大戦への強引な参戦など、日本は「帝国」への歩みを確実に進めていった。日清戦争、日露戦争、そして第一次世界大戦への参戦と、わずか二〇年ほどの間に、ほぼ一〇年ごとに対外戦争が繰り返され、その間に植民地支配の体制が確立してゆく——。明治期から大正期にかけての日本がいかに戦争に明け暮れていたのかがわかる。戦争と暴力は、その後もやむことはなかった。帝国日本の歩みは、満州事変、日中戦争、そしてアジア太平洋戦争と、東アジア全域を巻き込む戦争へと連なっていった。

近代日本の戦争と未曽有の被害

戦争や支配には、加害と被害の問題が付きまとう。一九三〇年代以降、日本の植民地支配や戦争による被害は加速度的に拡大してゆく。

もちろん、戦争にもルールがある。たとえば、日本も批准していた、「陸戦の法規慣例に関する条約」（一九〇七年）の付属書は、「俘虜は人道をもって取扱わるべし」と定めており、占領地での略奪なども明確に禁止している。それにもかかわらず、日本の戦争でも、多くの被害（被害者）が生じていた。住民や捕虜の虐殺、女性に対する性暴力、家屋の破壊など、「被害」といってもその形態はさまざまである。

アジア太平洋戦争の被害の規模は、どのようなものだったのか。戦闘・戦闘後の混乱や資料の散逸などもあり、被害の実態を正確に把握することは困難だが、各国政府の公式な発表などに基づくと以下のような死亡者の数が浮かび上がる（歴史教育者協議会編、大日方純夫・山田朗・早川紀代・石山久男著『日本社会の歴史　下　近代〜現代』）。

日本　三一〇万人以上
朝鮮　約二〇万人
中国　一〇〇〇万人以上
台湾　三万人あまり
フィリピン　約一一一万人
ヴェトナム　約二〇〇万人
タイ　詳しい数値は不明
ビルマ　約一五万人
マレーシア・シンガポール　一〇万人以上
インドネシア　約四〇〇万人
インド　約一五〇万人
オーストラリア　一万七七四四人
連合軍将兵・民間人・捕虜　約六万数千人（右記のオーストラリアの死者約八千人と重複）

なお、よく知られているように、日本の死亡者数「三一〇万人以上」のなかには、朝鮮人、台湾人の軍人・軍属約五万人が含まれている。また、中国の「一〇〇〇万人以上」という数値は、いわゆる「一五年戦争」期全体での死亡者数である。人間の生命の重みを数値だけで測ることはできないが、日本以外の他のアジアの人びとが、戦争の最大の被害者であったということは、覆すことのできない事実だということがわかる。

生き残ることができても、身体や心に重大な傷を負わされた人びとや、その遺家族にまで戦争の傷跡が深く刻印されているケースもあった。戦争の被害は一度で終わることはない。時には時間と世代を超え、人びとの身体と心に刻印されてゆく。すでにみた日本の戦争の死亡者数は、その「被害」の氷山の一角でしかない。

不可視化された被害

戦後、東京裁判やBC級戦犯裁判（アジア太平洋各地で捕虜虐待などの残虐行為を行ったとされる現場の指揮官、将兵の責任が問われた）など、連合国による戦犯裁判では、南京事件（一九三七年一二月）や日本軍による捕虜虐待など、戦時中は日本国民に伏せられていた数々の戦争犯罪の事実が明るみに出た。戦犯裁判の効果の一つは、事件や被害の一端を見えるようにすること、すなわち可視化である。

しかし、被害者による告発や、日本の戦争責任を問う声はいまもやまない。一九七〇年代から二〇〇〇年代にかけて、実に八九件にも及ぶ戦後補償裁判が行われている（二〇〇一

○年一月現在の件数。内海愛子『戦後補償から考える日本とアジア』)。

一九九一年一二月、三人の韓国人元日本軍「慰安婦」が日本政府の謝罪と賠償を求めて、東京地裁に提訴している。元「慰安婦」の金学順《キムハクスン》は、NHKのインタビューに対してこう応えている。「日本軍に踏みつけられ、一生を惨めに過ごしたことを訴えたかったのです。日本や韓国の若者たちに、日本が過去にやったことを知ってほしい」(吉見義明『従軍慰安婦』)。日本の敗戦から四〇年以上の時間が経過しての「告発」だった。日本社会では、「慰安婦」の存在は知られていても、その被害の実態は長く不問に付されてきた。「業者が連れ歩いていた売春婦」、これが当時の日本政府や日本社会の認識だったのではないだろうか。日本軍「慰安婦」制度が、国内法と国際法の双方に違反するものであったこと、そして何より、被害者の人権を幾重にも踏みにじるものであったことが、この後の研究や市民運動のなかで指摘されてゆくことになる。戦後、「慰安婦」問題は長らくその実態に焦点があてられず、いわば「不可視化」されてきたのである。

二〇〇〇年、東京の日本青年館で行われた、「日本軍の性奴隷制を裁く女性国際戦犯法廷」は、「東京裁判の再審理」との位置づけが与えられていた。東京裁判が充分に裁かなかった問題を追及する――、それがこの法廷の問題意識の一つであったといえよう。著者も、東京裁判に提出された性暴力に関する資料を収集・分析する共同研究に参加したことがあるが、検討で明らかになったのは、性暴力を追及するための証拠・証言の圧倒的な少なさであった。性暴力の問題が、審理で重要な争点になった形跡はなかった。男性中心の裁判は、「慰安婦」問題をほとんど無視している。それが率直な感想だった（以上、吉見義明監修／内海愛子・宇田川幸大・高橋茂人・土野瑞穂編『東京裁判―性暴力関係資料』）。

東京裁判では、「平和に対する罪」（侵略戦争の共同謀議・計画準備・開始・遂行。「A級犯罪」とよばれる）、「通例の戦争犯罪」（戦争の法規慣例違反。「B級犯罪」）、「人道に対する罪」（戦前、戦中の一般住民に行われた殺人、殲滅《せんめつ》、奴隷化、追放、その他の非人道的行為など。「C級犯罪」）。東京裁判では事実上問題にならなかった）の三つの法概念が適用されている。こうした規範にのっとりながら、東京裁判は、日本の戦争責任をどのように裁いたのか、あるいは、いかなる事件を不問に付したのか。なぜ、被害者の声や姿が「不可視化」されてしまったのか。女性国際戦犯法廷は、こうした問題を改めて問い直す必要があるということを、示すものであった。「慰安婦」問題に限らず、私たちが暮らす社会に、戦争や暴力を容認する構造や、歴史認識・戦争観がありはしないか。東京裁判の再検証は、こうした現在の私たちの在り方そのものを考え直す意味を持つのだと考えられる。

膨大な被害を生んだ日本の戦争を、東京裁判はどのように裁いたのか。戦後の世界や日本で、戦争の被害のうち、何が看過され不可視化されてしまったのか、その一端を、東京裁判をめぐる一連のプロセスから具体的に描き出す。これが本書の目的である。

東京裁判を読み解く視点

だが、膨大な関係史料を読み解くには、確固たる視座が求められる。数ある現代史の研究テーマのなかでも、東京裁判ほど検討材料が豊富なテーマは珍しい。日本の国立公文書館で数千冊の戦犯裁判に関する記録が公開されるなど、現在、閲覧できる資料は際限なく拡大している。以下、東京裁判の検討に際して、著者が重要だと考えている視点（点検ポイント）について、少し踏み込んで記しておきたい。

第一に、日本軍の残虐行為、戦争犯罪を生んだ根本原因について、どこまで追及のメスが入れられたのか、という問題がある。なかでも、他のアジアの人びとに対する差別の問題は重要である。日中戦争に従軍し、中国人の刺突訓練（初年兵など、戦場経験の浅い者に、中国人の住民や捕虜を小銃につけた銃剣で突き殺させる訓練のこと）に参加した経験を持つ、近藤一はこう回想する。「二一名の無抵抗の中国人を刺し殺しても、『たかがチャンコロを殺したに過ぎない』という意識しかないわけです。軍隊だけの教育でそうなったのではなく、小学校からの教育の積み重ねで、中国に対する差別意識があって、それに行動が対応していったのです」（内海愛子・石田米子・加藤修弘編『ある日本兵の二つの戦場』）。元陸軍省法務局長の大山文雄《おおやまあやお》も、戦後の法務省の聞き取りのなかで、戦争犯罪多発の原因の一つに、中国人に対する「蔑視の気持」を挙げている（法務大臣官房司法法制調査部「大山文雄氏からの聴取書」一九六三年一〇月一日、北博昭編『東京裁判―大山文雄関係資料』）。

東京裁判を検討するには、こうした差別意識の問題、さらには、暴力の行使を容認・当然視する、帝国主義・植民地主義・レイシズムといった考え方、発想そのものを議論の俎上に載せる必要がある。本書では、東京裁判の審理が、こうした「発想」とどのような関係にあったのかという点を、詳しく検討していきたい。

第二は、日本の行った戦争をどのように位置づけ、認識するのかという戦争観の問題がある。東京裁判では、日本と連合国、そして時には被告人の間で様々な戦争観が衝突している。日中戦争やアジア太平洋戦争は自衛なのか侵略なのか、戦争の責任は陸軍と海軍のどちらにあるのかなど、東京裁判の一連のプロセスでは、日本の戦争責任やいわば「歴史認識」をめぐる深刻な対立が生じている。当時の被告人や法廷全体が、日本の戦争をどのように捉え、評価したのかを検討することは、現在の歴史認識問題や、先に触れた不可視化された戦争被害の問題を考える上で、不可欠の材料を提供することにもつながる。
以上、二つの視点を重視しつつ、「東京裁判の前史→検察側・弁護側の裁判準備→審理の過程→判決→サンフランシスコ平和条約の調印」という、これまであまり体系的に論じられたことのない一連のプロセスを、諸史料を読み解きながら再検証してゆきたい。

*

・引用文献は（　）のなかに表示したが、紙幅の関係上、副題とページ数は原則として省略し、発行元、出版年は巻末の「参考文献」に掲げた。また、注表記があまりに長くなりそうな場合は、原資料のタイトルの一部分を省略するなど適宜修正している。（例、「元東京裁判弁護人（白鳥被告担当）広田洋二氏からの聴取書」→「広田洋二氏からの聴取書」）
・頻繁に用いる以下の文献については、書名を略記して巻数を表示した。
①新田満夫編『極東国際軍事裁判速記録』全一〇巻、雄松堂書店、一九六八年→『速記録』○○巻
②粟屋憲太郎・吉田裕編集・解説『国際検察局（ＩＰＳ）尋問調書』全五二巻、日本図書センター、一九九三年→『尋問調書』○○巻。この史料は英文だが、引用の際に著者が和訳した。

③粟屋憲太郎・永井均・豊田雅幸編集・解説『東京裁判への道―国際検察局・政策決定関係文書』全五巻、現代史料出版、一九九九年↓『政策決定関係文書』○○巻。この史料は英文だが、引用の際に著者が和訳した。

・本書で用いた国立公文書館所蔵資料は、すべて法務大臣官房司法法制調査部が調製したものである。これらの資料は、法務省司法法制調査部『戦争犯罪裁判関係資料』に含まれる。

・引用史料は読みやすさを優先して、旧字体を新字体に改めている。句読点、送り仮名を補った箇所や、漢字表記を平仮名に修正した箇所もある。また、漢字や片仮名を平仮名・現代仮名づかいに変更するなど、適宜修正を加えている。難読箇所については、振り仮名を付した。

〔　〕は著者による注記を示している。

・「支那」などの差別的表現は、歴史的な表現として引用史料や当時の役職名などに限って、そのままにしてある。

・戦時期の日本の公文書では、「俘虜《ふりょ》」の語が多く使用されているが、引用史料を除いて、一般的な「捕虜」の用語を用いた。

裁きへの道

日本の戦争と欧米諸国の怒り

日本側が行った多種多様な戦争犯罪を、連合国側はどのように追及しようとしたのだろうか。東京裁判そのものの検討に入る前に、その「前史」にあたる内容を確認しておきたい。すなわち、戦時中に連合国側が日本軍のいかなる戦争犯罪を重視し、その責任を問おうとしていたのか、という問題である。

マッカーサーが目の当たりにしたこと

一九四四年一〇月、ダグラス・マッカーサー（連合国軍南西太平洋方面軍司令官）は、フィリピンレイテ島を日本軍から奪還する。この後、マッカーサーはルソン島のサント・トマスとビリビッドの各収容所で衝撃的な光景を目の当たりにした。日本軍から解放されて間もない捕虜と民間人を、マッカーサーが訪問した際のできごとである。のちに、マッカーサーは次のように回想している。

やせこけた、哀れな姿の捕虜たちはいっせいに叫び声をあげ、私の車が構内にはいると、歓声はますます高くなってきた。

建物にはいった私は、たちまち何千人という感情の高ぶった人たちで壁に押しつけられた。ぼろぼろの汚ない服をまとったこの男たちは、大粒の涙を流しながら、最後の力をふりしぼるといった歩みで私に近づいて、手をとろうとした。一人の男は私に両腕で抱きついて、頭を私の胸に押しつけながら恥も外聞もなく泣きむせんだ。〔以上、サント・トマスでの状況。中略〕

ここ〔ビリビッド〕の八百人の捕虜たちが、三年の長い年月をどうやって生きのびることができたのかは、私には想像もできない。捕虜たちに与えられた食糧は、東洋の標準からみても貧弱なもので、しかもたいてい虫がついていたのだ。

私を迎えた男たちは骸骨としか呼びようがなかった。

（ダグラス・マッカーサー著、津島一夫訳『マッカーサー大戦回顧録』下）

マッカーサーが目にしたのは、九死に一生を得た人びとの姿だった。この回顧録によれば、解放された兵士たちはやせ細り、「なんとか不動の姿勢をとろうとした」という。マッカーサーにとって、この光景は、フィリピン奪還の原風景だったのかもしれない。日本軍による残虐行為は、アジア太平洋全域で生じていた。日本軍による連合国捕虜の虐待も大規模かつ広範に行われ、連合国側が問題視していた。東京裁判でも追及されることになる、代表的な事件をいくつかみておこう。

凄惨な連合国軍捕虜への虐待

戦時中から戦後にかけて、特にアメリカの怒りを買っていたのが「バタアン死の行進」である。この事件は、一九四二年四月、フィリピンのバタアン半島で日本軍の捕虜となった米比軍が、オードネル収容所に至るまでの約一二〇キロもの道のりを、主に徒歩で移動させられ、多数の死者をだしたものである。戦闘中から深刻な食糧不足に悩まされていた米比軍にとって、一二〇キロの行程はまさしく「死の行進」であった。脚気《かっけ》やマラリアなどの病に侵されている捕虜が多く、収容所にたどり着くのが困難な者も多かった。行進中、捕虜たちへの食糧・水などの補給は充分に行われず、至る所で日本兵による殴打などが行われていた。捕虜の一団が収容所に到着した時点で、約一万七〇〇〇人もの捕虜が死亡したといわれている（内海愛子・宇田川幸大・カプリオ　マーク「捕虜問題と日本」内海愛子・宇田川幸大・カプリオ　マーク編集・解説『東京裁判―捕虜関係資料』第一巻）。こうした事態を受け、アメリカのコーデル・ハル国務長官は、日本人を「悪魔ども」と呼んで非難している（内海愛子『日本軍の捕虜政策』）。

なお、一九四四年一〇月二四日、レイテ島に上陸して間もないマッカーサーは、「戦争捕虜、民間人抑留者ないし民間の非戦闘員に対し、その当然の権利である公正な取扱いと保護を与えないことから被害が生じた場合には、在フィリピン日本軍当局の直接責任を問う」と布告している。捕虜虐待への対応が、アメリカ側にとって喫緊の課題であったことがわかる（前掲『マッカーサー大戦回顧録』下）。

泰緬《たいめん》連接鉄道建設における捕虜虐待もよく知られている。この事件は、アカデミー賞受賞作品、映画「戦場にかける橋」（一九五七年）のモデルになったことでも有名である。日本軍の捕虜虐待の代名詞ともいえる事件である。日本軍は、タイからビルマ（現在のミャンマー）を結ぶ鉄道建設を計画、この際に現地のアジア人労務者や連合国軍捕虜が動員された。建設は、一九四二年七月から翌年一〇月までという、極めて短い期間になされている。補給、食料、医薬品が圧倒的に不足するなかで、多くの捕虜が虐待され、死亡している。連合国軍の資料によれば、完成までの間に死亡した連合国軍捕虜は、一万二三三九人である（吉川利治『泰緬鉄道』）。

地域や時期による程度の差はあれ、以上のような捕虜虐待が、アジア太平洋全域で行われたため、捕虜の死亡率はとてつもない数値に達することになった。内海愛子の研究によれば、日本軍に捕らえられた一六万七九三〇人の捕虜のうち、三万八一三五人が死亡している。死亡率は、約二三％、ほぼ四人に一人が死亡した計算になる（前掲『日本軍の捕虜政策』）。

四人に一人が死んでいる

なお参考のために、日本と同じ枢軸国のドイツとイタリアに捕らえられたアメリカ軍とイギリス軍の捕虜の状況を挙げておくと、二三万五四七三人の捕虜のうち死亡者は九三四八人、死亡率は約四％である（同前）。日本軍の捕虜虐待の凄まじさが窺われる数値である。連合国側にとって、捕虜虐待の責任を追及することは、自国の世論を納得させるためにも、不可欠の課題となっていた。こうした欧米諸国の怒りが、戦犯追及の方針に色濃く反映されていくことになる。

生きて虜囚の辱めを受けず

なぜ、このような虐待が生じてしまったのか。捕虜虐待の多発には、日本軍独特の捕虜認識や捕虜政策が影を落としていた。

「捕虜になるのは不名誉」、「捕虜になるくらいなら自決せよ」、日中戦争やアジア太平洋戦争に従軍した兵士が、必ず新兵教育で叩き込まれた文言である。

もちろん、国際法で捕虜になることは禁じられていない。「ハーグ陸戦条約」や、「俘虜の待遇に関する条約」（一九二九年）などでは、捕虜の取り扱いに関する事細かな規定が盛り込まれている。日清戦争や日露戦争では、日本軍は国際法をかなり意識していたという。無論、残虐行為が全くなかったわけではないし、捕虜の虐殺などがあったのは事実である。それでも、国際法の遵守は、日本が欧米諸国に近代国家として認知されるためにも、重要な意味を持っていた。

しかし、満州事変以降、状況は大きく変化してゆくことになる。第一次上海事変（一九三二年）の際、中国側の捕虜になった空閑昇《くがのぼる》少佐が自決すると、日本社会では捕虜を蔑視する見方が定着していった。新聞も戦争を無批判に肯定し、戦争熱が高まっている時期だった。捕虜になることは、本人だけでなく、家族の不名誉とも考えられるようになった。兵士の死は、「戦死」「戦傷死」と、逃亡や捕虜などの「不名誉な死」とに区分されてゆくことになる（内海愛子・上杉聰・福留範昭『遺骨の戦後』）。

一九四一年一月八日、東条英機の名で出された有名な「戦陣訓」は、日本軍兵士が守るべき規範を示しているが、このなかには「生きて虜囚の辱《はずかし》めを受けず、死して罪過の汚名を残すことなかれ」との文言が記載されている。捕虜になるな、捕虜になるくらいなら自決せよとの考え方である（以上、日本側の捕虜認識や国際法認識などについては、前掲『日本軍の捕虜政策』、秦郁彦『決定版　日本人捕虜』上・下）。玉砕の地、アッツ島から捕虜となって帰還した元兵士の加藤重男は、ＮＨＫのインタビューに対して、「生きて虜囚の恥をかいてるんですから。あんた〔取材者〕に、恥をかいてるんですから……」と応えている（ＮＨＫスペシャル『玉砕』二〇一〇年八月一二日放送）。一九四三年五月のアッツ島の玉砕から、六七年を経ての加藤の証言である。戦陣訓の思想は、一人一人の将兵の心を呪縛していたのである。捕虜は生きていてはならない者、これが日本軍での「常識」だった。

ジュネーヴ条約の「準用」？

もう一つ、捕虜問題との関連で触れておかなければならないのは、「俘虜の待遇に関する一九二九年七月二七日の条約」（ジュネーヴ条約）をめぐる日本側の対応である。この条約は、九七条に及ぶ規程を設けて捕虜の処遇方法を定めている。「俘虜は常に博愛の心をもって取扱わるべく、かつ、暴行、侮辱及公衆の好奇心に対して特に保護せらるべし」（第二条）、「俘虜はその人格及び名誉を尊重せらるべき権利を有す。婦人は女性に対する一切の斟酌《しんしゃく》をもって待遇せらるべし」（第三条）といった規程が並ぶ。戦時国際法で、捕虜の保護は古くから重要な課題とされてきた。国際社会における、捕虜の待遇改善に向けた取り組みの一つの到達点となったのがこの条約だった。

日本は、一九二九年の時点でジュネーヴ条約に調印はしていたが、枢密院《すうみついん》や陸海軍の反対で批准《ひじゅん》はしていなかった。主な反対理由は、条約を批准するには、抵触する国内法規の改正をしなければならなかったことや、立会人をつけずに保護国の代表者が捕虜と会談することを認めなければならなかったこと（ジュネーヴ条約第八六条）などであった。

日本はジュネーヴ条約を批准していないが、条約の条項を適用する意思があるのか、日米開戦から間もなく、連合国側は日本側に問い合わせている。また、連合国側は日本軍によって捕虜虐待が繰り返されるなか、幾度となく日本外務省に向けて捕虜の待遇改善を求める抗議文書を送付していた。日本側は数十万人に及ぶ在外日本人の存在も考慮して、外務省から、ジュネーヴ条約は批准していないができる限り条項を「準用」すると回答している。東郷茂徳《とうごうしげのり》外務大臣から在京スイス公使に発せられたこの回答には、「同条約〔ジュネーヴ条約〕の規定を準用すべし」との記載があり、欄外に外務省側のものと思われる筆跡で、「apply mutatis mutandis」と書き込まれている（「条三普通第二二号」前掲『東京裁判―捕虜関係資料』第一巻）。「必要な修正を加えて適用する」というのが、「準用」に関する日本側の認識だったと推測される。

しかし、ジュネーヴ条約の「準用」回答をめぐる外務省の対応や、彼らの捕虜観には重大な問題があった。ジュネーヴ条約の適用については、陸軍省から、条約の遵守を声明することはできないが「これに準じて措置」することには異存がないと回答するに留めた方がよい、との意見が外務省に寄せられていた。日本赤十字社も、「準用」という曖昧な回答は後日物議をかもすことになるので、はじめから行わない方が良いと反対していたのである。陸軍省と外務省との間で「準用」の解釈や「必要な修正」の論議もないままだった。

このような状況であったにもかかわらず、外務省は「条約の規定を準用すべし」と連合国側に回答したのである。また、捕虜は生きていてはならない人という考え方から、捕虜問題をほとんど意に介していない職員もあった。

一方、米英側は日本側の「準用」を「条約の批准」と同じ程度のものとして解釈していた。条約を遵守するといいながら、捕虜虐待が行われている！　これが連合国側の率直な思いだったろう。こうした日本の捕虜政策も、捕虜虐待や欧米諸国からの怒りを買った要因の一つだった（以上、捕虜政策については、前掲『日本軍の捕虜政策』）。東京裁判の被告人となった重光葵《しげみつまもる》（元外務大臣）は、「日本側が今度の戦争において俘虜問題について充分に注意を払わなかった事は、何といっても大なる不覚であった」と、手記に記載してい

る（重光葵著、伊藤隆・渡邊行男編『重光葵手記』）。

ポツダム宣言から降伏文書へ

一九四五年七月二六日、日本の敗戦が濃厚となるなか、アメリカ、イギリス、中国（中華民国）の名で、日本に無条件降伏を勧告するポツダム宣言が発表される。

この宣言には、連合国側が日本側の戦争犯罪のうち、何を重点的に追及しようとしていたのかが如実に現れている。全一三項から成る宣言の第一〇項には、次のような一文がある。

吾等《われら》は日本人を民族として奴隷化せんとし、又は国民として滅亡せしめんとするの意図を有するものに非ざるも、吾等《われら》の俘虜を虐待せる者を含む一切の戦争犯罪人に対しては厳重なる処罰を加えらるべし。〔傍線は引用者〕

（外務省編纂『日本外交年表並主要文書』）

住民虐殺、捕虜虐待、性暴力、都市の破壊など、多種多様な戦争犯罪の種類があるなかで、「捕虜虐待」のみが文書に固有名詞として特記されたのである。連合国側の捕虜虐待への強い怒りが反映されたことが窺える。

ところで、この宣言がアメリカとイギリスの被害を重視し、結果として中国での被害を軽視する文言になっていることには注意を払う必要がある。交戦国のなかで、最も長い期間日本との戦いを強いられた中国では、膨大な民間人の死傷者が出ていた。戦後間もない頃に中国側がまとめた資料では、日中戦争期の中国側の死者数は、軍人が一九一万九八〇人、市民が七五七万三六二七人、市民の占める割合が約八〇％である（伊香俊哉『満州事変から日中全面戦争へ』）。一方、第二次世界大戦中のアメリカとイギリスの死亡者数をみてみると、アメリカ（軍人＝二九万人）、イギリス（軍人＝一四・五万人、市民＝二三・八万人、市民の占める割合＝約六二％）である（以上、前掲『日本社会の歴史　下』）。規模と割合の双方において、中国の民間人の被害が極めて大きなものであったことがわかる。

「吾等の捕虜」に限定せず、「吾等の国民」といった用語を用いて、被害を包括的に表現する方法も考えられたはずである。ポツダム宣言第一〇項は、主に米英の戦争被害、なかでも捕虜問題を重点的に扱おうという意図が、具現化されたものだったといえよう。また、宣言を発した主体は、アメリカ、イギリス、中国の三国なので（のちにソ連も参加）、この宣言には、中国以外のアジアの人びとの意図が反映されていない。戦争被害の圧倒的ウエートを占めた人びとの声が無視・軽視され、アメリカ、イギリスを中心とする欧米諸国の意向が優先される――、この構図が、東京裁判や、ひいては日本の「戦後」を拘束してゆくことになる。

なお、一九四五年の八月、ポツダム宣言の受諾条件をめぐって、連合国側と日本政府との間で交渉が展開されているが、このなかでも連合国側は、捕虜の解放を日本政府に求めている（いわゆるバーンズ回答）。さらに、一九四五年九月二日、戦艦ミズーリ号上で調印された降伏文書にも、連合国捕虜の解放と保護が明記されていた。連合国捕虜の問題を最優先で追及する。こうした確固たる方針の下に、戦犯の逮捕や追及が始められてゆく。

戦争責任の追及と国際検察局の始動

日本の敗戦から占領政策へ

一九四五年八月一四日、日本政府は御前会議で正式にポツダム宣言の受諾を決定、翌一五日には天皇による「終戦の詔書」がラジオで放送された。すでに中国大陸で展開されていた中国との戦いも完全に行き詰まり、日本側の政治的・軍事的敗北が顕著となっていた。アジア太平洋各地で日本軍の敗退が続き、沖縄も、軍民混在の凄惨な戦いを経て、すでに米軍の占領下に入っていた。また、昼夜を問わない戦略爆撃によって、日本中が焦土と化していた。四五年の八月には、六日・九日に広島・長崎への原爆投下が、八日にはソ連の対日宣戦布告が行われている。

政治史や軍事史の研究では、一九四四年八月から四五年八月の日本の敗戦までの時期を、絶望的抗戦期と表現することがある。これは、「すでに敗戦必至の状況にありながら、日本軍があくまで抗戦を続けたため、戦争はさらに長期化した」という経緯に基づいている（吉田裕『日本軍兵士』）。ポツダム宣言の受諾と降伏文書への調印は、もはや日本が拒否できるような状況ではなかったのである。

日本の敗戦を境に、世相も急速に変化していた。それまで、「大型水上機母艦撃沈」、「敵不時着地へ斬込《きりこみ》」など、戦意高揚第一だった報道は、「平和国家を確立」、「東条軍閥の罪過」といった、「平和」や過去の日本の誤りを強調する議論へと転換する（『朝日新聞』一九四五年八月一四日付、九月五日付、九月一七日付）。連合国による占領政策がスタートしたのは、このような時期であった。

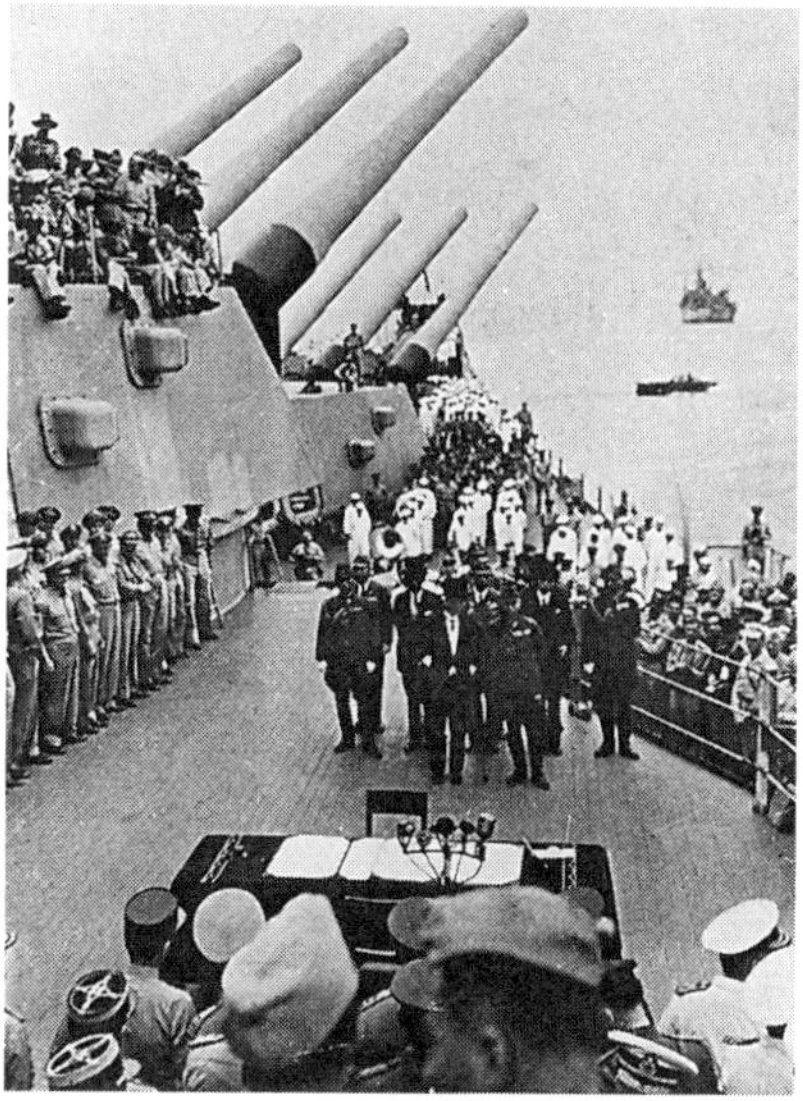

図１　ミズーリ号上での降伏文書調印式

占領政策の展開と戦争責任の追及

日本に対する占領は、連合国による共同占領の形式を採っていたが、事実上はアメリカによる単独占領であった。公開されたアメリカ側の史料を駆使して、大系的にアメリカの対日占領政策を検討したのが、五百旗頭真《いおきべまこと》である。五百旗頭によれば、アメリカの対日占領は、その内容に基づいて次のような時期区分ができるという（以下、占領政策の時期区分や非軍事化と民主化については、五百旗頭真『日米戦争と戦後日本』）。

一、非軍事化と民主化をテーマとする前半期
二、経済復興と自立をテーマとする後半期

日本が二度と脅威にならないようにするための直接的措置が、非軍事化であり、民主化はそれ自体が大きな価値を持ちつつも、非軍事化政策を日本社会に定着させるための方策であった。非軍事化と民主化の具体的な政策内容を大まかに示すと次のようになる。

○非軍事化　日本軍の武装解除・復員、軍事関連施設の破壊・接収、軍事機構と秘密警察の廃止、戦犯容疑者の逮捕、軍国主義者・超国家主義者らの公職追放
○民 主 化　農地改革、労働組合法、選挙法、財閥解体、憲法改正

戦犯容疑者の逮捕など、戦争犯罪の追及は非軍事化政策に分類される。裁判では極刑を

含めて、被告人に対する刑罰が言い渡された。戦犯裁判は、対日占領政策のなかでも最も懲罰的な色彩を持つものであったといってよいだろう。東京裁判は、占領政策、なかでも非軍事化政策のなかで重要な位置づけを与えられた裁判だった。

一九四五年九月一一日、日本国内で第一回目の戦犯逮捕令が出される。逮捕令は、連合国軍最高司令官から終戦連絡中央事務局（外務省の外局として設置された機関。連合国軍司令部と、日本の所管官庁との連絡を担当）を通して、日本政府に覚書の形で通達された。この第一回目の逮捕では、進駐軍自らが直接逮捕に出向いている（のちに、日本官憲が逮捕し、引き渡す方法へと変化する）。東条英機以下、四三人の容疑者が逮捕され、横浜拘置所、のちに東京池袋のスガモプリズンに収監された。

この四三人の経歴をみると、東条内閣の閣僚（つまり、対米開戦と真珠湾攻撃の際に、閣僚を務めていた者）や、捕虜収容所関係の業務に従事していた者が、多く逮捕されていたことに気づく。早い段階から、アメリカの戦争被害や、捕虜虐待の責任が重視されていたことが窺える（法務大臣官房司法法制調査部編『戦争犯罪裁判概史要』一九七三年）。

なお、東京裁判とBC級戦犯裁判など、対日戦犯裁判で容疑者として逮捕された者の数は、二万五〇〇〇人以上にもなると推計されている。控訴棄却や逃亡などの人数を差し引

表1　第一回逮捕令と容疑者（一部，1945年9月11日）

氏　名	代表的な肩書
東条英機	元内閣総理大臣・陸軍大臣・陸軍参謀総長
東郷茂徳	元外務大臣
賀屋興宣	元大蔵大臣
嶋田繁太郎	元海軍大臣・海軍軍令部総長
岸　信介	元商工大臣・国務大臣兼軍需次官
寺島　健	海軍中将，元逓信大臣
岩村通世	元司法大臣
橋田邦彦	元文部大臣
井野碩哉	元農林大臣
小泉親彦	元厚生大臣
鈴木貞一	陸軍中将，元企画院総裁・貴族院議員
本間雅晴	陸軍中将，元第14軍司令官
黒田重徳	陸軍中将，元第14軍司令官
村田省蔵	元駐比日本大使
長浜　彰	陸軍大佐，第14軍憲兵隊長
太田清一	陸軍中佐，マニラにおける残虐行為の責任者
テイ・モン	駐日ビルマ政府大使
ホセ・P・ラウレル	元フィリピン共和国大統領
ホルヘ・ヴァルガス	駐日フィリピン大使
アキノ	フィリピン国民会議議長
ハインリッヒ・スターマー	駐日ドイツ大使
クレッチマー	ドイツ大使館付武官，中将
ワトハーケン・ウヒト	駐日タイ国大使

（出典）法務大臣官房司法法制調査部『戦争犯罪裁判概史要』1973年，東京裁判ハンドブック編集委員会編『東京裁判ハンドブック』青木書店，1989年（「戦争犯罪容疑者一覧」の項目）より作成．各人物の肩書については，吉田裕ほか編『アジア・太平洋戦争辞典』（吉川弘文館，2015年），秦郁彦編『日本陸海軍総合事典』（第2版，東京大学出版会，2005年）も参照した．

くと、約五四〇〇人が起訴され、それぞれの判決を言い渡されたと推測される（同前）。アジア太平洋の各地で開催された法廷で、被告人が犯したとされる「戦争犯罪」や「戦争責任」、そして日本の戦争が問われていた。

動き出す国際検察局

東京裁判での追及は、ＧＨＱ（General Headquarters, Supreme Commander for the Allied Powers　連合国軍最高司令官総司令部）の一部局である、国際検察局（International Prosecution Section　略称はＩＰＳ）によって担われていた。

一九四五年一二月六日の夜、東京裁判のアメリカ検察陣が到着、八日には、マッカーサーが国際検察局を設置した。一九四六年に入ると、イギリスの検察陣が来日、各国を代表する検察陣が続々と到着する（日暮吉延『東京裁判』）。検察局に代表団を送り込んだのは、アメリカ、中国（中華民国）、イギリス、ソ連、オーストラリア、カナダ、フランス、オランダ、ニュージーランド、インド、フィリピンの一一か国、アメリカ代表の検察官、ジョゼフ・Ｂ・キーナンが首席検察官を務めた。この国際検察局によって、東京裁判での追及方針が策定され、証拠・証言の収集・分析、さらには、被告人の選定が行われていた。

尋問の諸相

国際検察局と関係者への尋問

彼らはどのように追及方針を固めていったのか、その一端を検察側の『尋問調書』によって確認していこう。『尋問調書』とは、戦犯容疑者をはじめ、戦前・戦中の日本の政策決定に関わった政治家や軍人などに行われた尋問を、記録した調書のことである。よく知られているように、敗戦前後の段階で、日本側は大量の政策・軍事関連の資料を焼却・隠匿した。このため、検察側の戦争犯罪の捜査や証拠の収集は大きく阻害されてゆく。検察側にとって、尋問から得られる情報は極めて貴重なものだった。

東京裁判の被告人たちについては、どのような点が問題とされていたのだろうか。紙幅の関係上、全ての尋問内容を確認することはできないので、陸軍、海軍、そして文官のなかで最大勢力をなすことになる外務官僚の三つのグループに限定して、内容をみていくことにしたい（なお、尋問調書を分析した研究に、粟屋憲太郎『東京裁判への道』、吉田裕『昭和天皇の終戦史』がある）。

陸軍関係者への尋問

最初に、陸軍関係者への尋問内容を整理してみたい。陸軍出身の被告人の数は極めて多い。二八人の被告人のうち、実に一五人が陸軍出身者である（表2）。戦争の主たる推進勢力は日本陸軍であった、そのような検察側の認識が窺える陣容である。彼らへの尋問内容は膨大で内容も多岐にわたる。まずは陸軍の被告人と尋問で主な争点となった事件とを以下に整理し、その上で、尋問の特徴を分析していこう。なお、南《みなみ》次郎《じろう》（元陸相・朝鮮総督）、小磯《こいそ》国昭《くにあき》（元朝鮮総督・首相）、そして大《おお》島《しま》浩《ひろし》（元駐独武官、駐独大使）の三人については、植民地支配や外務官僚に関する検討のなかで改めて確認する。

①武《む》藤《とう》章《あきら》（元陸軍省軍務局長・第一四方面軍参謀長）

対米開戦決定に関する大本営政府連絡会議。真珠湾攻撃（無通告開戦）。日本の捕虜政策。ジュネーヴ条約の「準用」。泰緬連接鉄道における捕虜の使役。南京事件。フ

表2　被告一覧

氏　名	生年	学歴，入省年等	階級，役職等
荒木貞夫	1877	陸士9期（陸大19期）	大将，陸相
土肥原賢二	1883	陸士16期（陸大24期）	大将，奉天特務機関長，第7方面軍司令官
橋本欣五郎	1890	陸士23期（陸大32期）	大佐，参謀本部ロシア班長，野戦重砲兵第13連隊長
畑　俊六	1879	陸士12期（陸大22期）	大将・元帥，陸相，中支那派遣軍司令官
平沼騏一郎	1867	東大卒，1888年司法省	首相，枢密院議長
広田弘毅	1878	東大卒，1905年外務省	首相，外相
星野直樹	1892	東大卒，1917年大蔵省	国務院総務長官，企画院総裁，東條内閣書記官長
板垣征四郎	1885	陸士16期（陸大28期）	大将，関東軍参謀，陸相，第7方面軍司令官
賀屋興宣	1889	東大卒，1917年大蔵省	東條内閣蔵相
木戸幸一	1889	京大卒，1915年農商務省	内大臣，文相
木村兵太郎	1888	陸士20期（陸大28期）	大将，陸軍次官，ビルマ方面軍司令官
小磯国昭	1880	陸士12期（陸大22期）	大将，陸軍省軍務局長，首相
松井石根	1878	陸士9期（陸大18期）	大将，中支那方面軍司令官
松岡洋右	1880	オレゴン州立大卒，1904年外務省	外相
南　次郎	1874	陸士6期（陸大17期）	大将，陸相，関東軍司令官，朝鮮総督
武藤　章	1892	陸士25期（陸大32期）	中将，陸軍省軍務局長，近衛師団長
永野修身	1880	海兵28期（海大8期）	大将・元帥，海相，軍令部総長
岡　敬純	1890	海兵39期（海大21期）	中将，海軍省軍務局長
大川周明	1886	東大卒	国家主義思想家
大島　浩	1886	陸士18期（陸大27期）	中将，ドイツ大使館付武官，駐独大使
佐藤賢了	1895	陸士29期（陸大37期）	中将，陸軍省軍務局長
重光　葵	1887	東大卒，1911年外務省	駐ソ大使，駐英大使，外相
嶋田繁太郎	1883	海兵32期（海大13期）	大将，海相
白鳥敏夫	1887	東大卒，1914年外務省	外務省情報部長，駐伊大使
鈴木貞一	1888	陸士22期（陸大29期）	中将，陸軍省軍務局支那班長，東條内閣国務相，企画院総裁
東郷茂徳	1882	東大卒，1912年外務省	駐独大使，駐ソ大使，東條内閣外相
東條英機	1884	陸士17期（陸大27期）	大将，首相，陸相，関東軍参謀長，陸軍次官
梅津美治郎	1882	陸士15期（陸大23期）	大将，支那駐屯軍司令官，陸軍次官，関東軍司令官，参謀総長

（註）東大（東京帝国大学），京大（京都帝国大学），陸士（陸軍士官学校），陸大（陸軍大学校），海兵（海軍兵学校），海大（海軍大学校）

（出典）日暮吉延『東京裁判』講談社現代新書，2008年

ィリピンのマニラ戦（一九四五年二月〜三月）における日本軍の残虐行為。（『尋問調書』第四〇巻）

②佐藤賢了《さとうけんりよう》（元陸軍省軍務局長）

陸軍省軍務局の機構。日本の捕虜政策。捕虜政策に関する一九四二年五月の局長会報。軍務局の捕虜政策への関与。ドゥーリトル飛行隊処刑事件（一九四二年、日本本土を空襲したアメリカ軍爆撃機の搭乗員を、軍律会議に付して処刑した事件）。国家総動員法（一九三八年）。（『尋問調書』第二二巻）

③松井石根《まついいわね》（元中支那方面軍司令官）

南京事件。（『尋問調書』第一二巻）

④土肥原賢二《どひはらけんじ》（元奉天特務機関長）

満州事変。黒龍会（一九四六年にGHQの指令で解散した、明治期から昭和期にかけて活動した国家主義団体）。中村大尉事件（一九三一年、中国東北部で中村震太郎《しんたろう》陸軍大尉ほか一名が、地方軍閥軍に殺害された事件）。（『尋問調書』第八巻）

⑤東条英機《とうじようひでき》（元首相・陸軍大臣・参謀総長）

満州事変。日中戦争。対米開戦。米人捕虜虐待。「バタアン死の行進」。日本の捕虜政策。ドゥーリトル飛行隊処刑事件。中国での日本軍による毒ガス使用。（ジョン・G・ルース著、山田寛訳、日暮吉延監修『スガモ尋問調書』）

⑥畑俊六《はたしゅんろく》（元陸相・支那派遣軍総司令官）
漢口《かんこう》作戦（一九三八年、中国で展開された日本軍の軍事作戦）、中国兵捕虜の数、南京事件。（『尋問調書』第一巻）

⑦梅津美治郎《うめづよしじろう》（元関東軍司令官・参謀総長）
日本の捕虜政策。関東軍司令官時代の捕虜取扱い。柳条湖事件。満州事変。（『尋問調書』第四七巻）

⑧橋本欣五郎《はしもときんごろう》（元野戦重砲兵第一三連隊長・国家主義運動のリーダー）
大日本青年党（橋本が一九三六年に結成した団体）。パナイ号事件（一九三七年一二月、日本海軍の航空機がアメリカ砲艦パナイ号を爆撃した事件）。レディーバード号事件（一九三七年一二月、橋本が連隊長を務める野戦重砲兵連隊が、イギリス軍艦レディーバード号を砲撃した事件）。二・二六事件。桜会（三月事件や一〇月事件を企てた、陸軍革新派の秘密結社）。（『尋問調書』第四二巻）

⑨鈴木貞一《すずきていいち》（元企画院総裁）

企画院（一九三七年一〇月に設置された、戦争遂行のための物資動員関係の業務を担当した機関）。企画院総裁としての責任・職務。国家総動員法。日米交渉。真珠湾攻撃。捕虜政策。（『尋問調書』第一四巻）

⑩荒木貞夫《あらきさだお》（元陸軍大臣・文部大臣）

二・二六事件。満州事変。日中戦争。日独伊三国同盟。一九三八年から一九三九年にかけて、日中戦争を継続した責任者について。（『尋問調書』第一〇巻）

＊木村兵太郎《きむらへいたろう》（元陸軍次官）と板垣征四郎《いたがきせいしろう》（元関東軍参謀副長・陸相・支那派遣軍総参謀長・朝鮮軍司令官）の調書は、検察側のファイルに含まれていないのでここには記載していない。

陸軍軍人が尋問で語ったこと

陸軍関係被告人への尋問では、一九三〇年代から日米開戦に至るまでの、日本側の政策決定などに関して幅広い質疑応答が行われている。尋問官は、各事件の事実関係やその責任者を、明らかにしようと試みている。

一連の尋問でのやりとりには、主に二つの特徴があった。

一つは、「日本の戦争は自衛のためのものであった」、「欧米諸国からアジア地域を解放するための戦争であった」と主張する、自衛戦争論、「大東亜戦争肯定論」（「大東亜戦争肯定論」については、林房雄『大東亜戦争肯定論』、吉田裕『日本人の戦争観』を参照のこと）が、被告人によって繰り返し主張されている点である。

尋問での東条の応答はこの典型だった。東条は、満州事変、日中戦争、対米戦争は日本にとっては自衛であったと断言、「満州国」政府は「立派な政府」であったと強調している。事前通告なしで行われた真珠湾攻撃は、戦争ではなく「殺人」ではないか、という尋問官の質問に対しては、「挑発に直面して行われた合法的な自衛行動だった」、と弁明している（前掲『スガモ尋問調書』）。日本の戦争をまるごと正当化している点に、陸軍関係被告人の主張の特徴がある。これらは、法廷で実際に展開されることになる陸軍側の主張の原型をなすものだった。

第二の特徴は、日本軍の残虐行為に関する質疑で、捕虜問題がメインとなったことである。たとえば、陸軍省軍務局長として、捕虜政策にも関係のあった佐藤賢了の尋問では、日本の捕虜政策や、軍務局がこの問題についてどのような権限を持っていたかなど、捕虜問題に関する質問が多くなされている。

一方、捕虜問題は東条の尋問でも、繰り返し争点となっている。「『バターン死の行進』の米人捕虜に対する残虐行為、非人道的行為に関連して、軍法会議か適切な措置が取られたと聞きましたか」、「一九四一年一二月七日以後、米軍飛行士の処刑や投獄につながった規則や命令、措置について、あなたに責任はなかったのですか」、尋問官はこう問いかけている。東条は尋問のなかで、「捕虜に対する非人道的行為」に関して、「こうした行為が生じたことは、極めて遺憾だ。その責任は私にあります」と明言している（前掲『スガモ尋問調書』）。

以上のような尋問内容から、検察側の日本陸軍に対する認識と、裁判に臨む上での方針が浮かび上がる。すなわち、①満州事変から対米開戦までの政策決定や事件の全般的な責任を問い、②残虐行為については捕虜問題を中心としてその責任を追及する、というものである。法廷において陸軍の被告人は、中華民国・アメリカ・フィリピン・イギリスに対する侵略戦争の開始、フランスへの侵略戦争の開始・遂行、張鼓峰事件、ノモンハン事件、南京・広東・漢口における大量虐殺など、多くの事件の責任を追及されることになった（「起訴状」『速記録』第一〇巻）。

問われた真珠湾攻撃の責任

次に海軍軍人についてみてみよう。海軍軍人では、永野修身《ながのおさみ》（元軍令部総長、裁判中に病死）、嶋田繁太郎《しまだしげたろう》（元海軍大臣、軍令部総長）、岡敬純《おかたかずみ》（元海軍省軍務局長）の三人が被告人になっている。三人とも、日米開戦の決定や真珠湾攻撃の際に、要職にあった人物である。

まずは永野尋問。ここでは、主に南洋委任統治領と真珠湾攻撃に関する質疑が中心となった。南洋委任統治領とは、第一次世界大戦後のパリ講和会議以降、それまでドイツの領土であった赤道以北の太平洋群島を、委任統治の形で日本が統治したものである。その地域は、アメリカ領グアム島を除いたマリアナ諸島、カロリン諸島、マーシャル諸島から成る。本来、南洋委任統治領での基地建設などは国際連盟規約第二二条で禁止されていたが、ここに日本海軍が軍事施設を設置していたのである。検察側は、南洋委任統治領を日本海軍が要塞化し、侵略戦争の準備をしていたとにらんでいたのである。

尋問官は、南洋委任統治領の要塞化は、国際連盟規約に違反するのではないか、日本はここに航空基地を建設していたのではないか、こう永野に問いかけている。さらに、海軍ではいかなる官職にある人物が、戦争前の委任統治領の軍事化に責任を負うのか、と迫っている。この質問に対して永野は、一九三七年以降は軍事参議官であったのでよくわからないと応答、日本政府が戦争前に南洋委任統治領に砲を備えたとすれば、それは条約違反である。その責任は当時の海軍大臣であった吉田善吾《よしだぜんご》にあると明言している（『尋問調書』第四巻）。

永野尋問で最大の争点になったのが、真珠湾攻撃の計画・立案に関する問題である。日本も批准していた「開戦に関する条約」（一九〇七年）は、「締約国は、理由を付したる開戦宣言の形式、又は条件付開戦宣言を含む最後通牒の形式を有する明瞭かつ事前の通告なくして、その相互間に、戦争を開始すべからざることを承認す」と規定している。戦争開始には、相手国への事前通告が義務付けられており、しかも「明瞭かつ事前」に行われなければならなかった。

それにもかかわらず、日本海軍の真珠湾攻撃は、アメリカ側に日本側の通告が届けられる前に攻撃が開始されていた。しかも、アメリカに手交された通告の内容も、開戦宣言などではなく、単なる日米交渉の打ち切り通告であった。真珠湾攻撃が、国際法に違反することは明白だった。

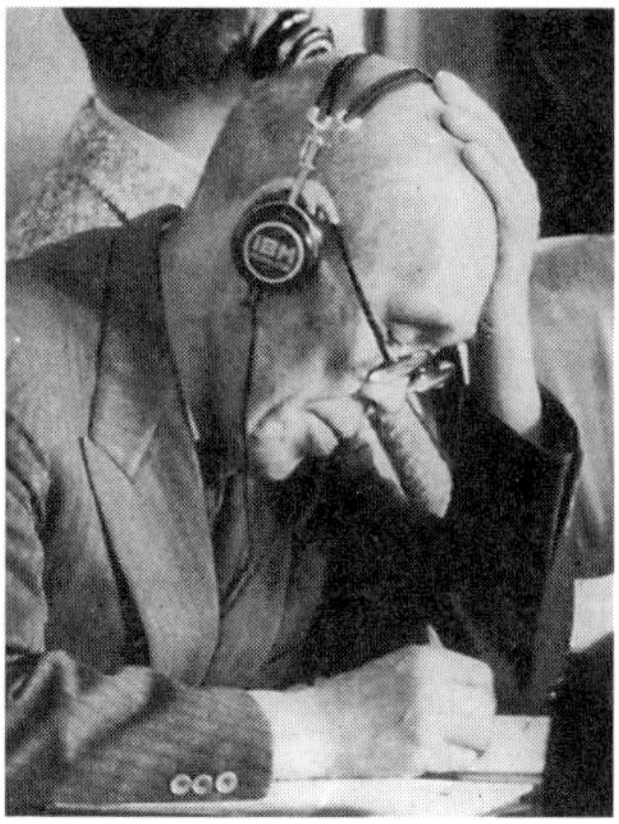

図2　永野修身
朝日新聞社提供

永野の尋問では真珠湾攻撃について主に三つの論点が浮かび上がった。すなわち、①永野は、日本海軍の連合艦隊が作成した真珠湾作戦の計画を認めたのか、②永野が対米開戦

図3　岡　敬純
朝日新聞社提供

にあたって無通告開戦を主張したのかどうか、③通告と攻撃開始までの時間を三〇分に設定したのは誰か、の三点である（同前）。国際法に反する「だまし討ち」で被害を受けたアメリカにとって、真珠湾攻撃の責任を追及することは、最重要課題の一つであったといえよう。

岡敬純の尋問

岡の尋問では、何が問われたのか。岡も、対米開戦や南洋委任統治領に関する追及を受けているが、永野と異なるのは、「潜水艦事件」に関する追及を受けていることである。潜水艦事件とは、一九四三年三月以降、インド洋方面において日本海軍の潜水艦部隊が、連合国の撃沈商船の生存者を虐待・殺害した事件のことである。商船乗員の殲滅を指示する命令は、軍令部から派遣された参謀によって、現地の第六艦隊に伝えられていた（詳しくは、拙稿「日本海軍と『潜水艦事件』」『季刊　軍事史学』第四七巻第一号）。

岡への尋問で尋問官はこう問いかける。日本の潜水艦司令官に、撃沈船舶の乗員を殲滅する命令が出されていたことを知っていたか、海軍軍令部で一九四三年に潜水艦作戦を担当していたのは誰か。これに対して岡は、「そのような命令は知らない」、「誰が潜水艦作戦を担当していたのか覚えていないが、軍令部第一部が全ての作戦の責任を負っている」と応じている（『尋問調書』第八巻）。

突きつけられた証拠

一方、嶋田尋問は、日米開戦までの日本側の国策決定や、真珠湾攻撃に関する質問が中心だった。特に東条内閣の海相でもあった嶋田には、対米開戦に関する質問が多く行われている。検察側は、日本側が宣戦布告と真珠湾攻撃のどちらを先にする計画であったのか、といった質問を何回も行っている。潜水艦事件も追及の対象だった。一九四六年三月一四日の尋問では、特に二つの点が問題になった。

第一に、同盟国であるドイツから、日本に対して潜水艦作戦の強化の要請があったかが争点となった。尋問官は、こう問いただす。大島浩（元駐独武官・大使）がヨアヒム・フォン・リッベントロップ（独外相）と会談し、商船乗員の殲滅戦法についてドイツ側からアドバイスを受け、ドイツと同じような戦法を採用するよう、日本側に提案したのではないか。これに対して嶋田は「知らない」と応じている。検察側は、インド洋で行われた日

図４　嶋田繁太郎
朝日新聞社提供

本海軍の潜水艦作戦が、三国同盟に基づいて行われた、日独の軍事協力の一環として認識していたようである（同前）。

第二に、撃沈船舶生存者の殲滅命令を嶋田が知っていたかが問われた。尋問官は、ある日本海軍の部隊の命令が記載された、検察側証拠五四八を示し、当時海軍大臣だった嶋田が、この命令を知っていたかを尋ねた。命令は次のような内容である。

機密第一潜水部隊《ママ》命令作第二号

軍機　昭和一八年三月二〇日「トラック」旗艦平安丸

第一潜水部隊《ママ》指揮官　三戸《みと》　寿《ひさし》

第一潜水部隊《ママ》命令〔中略〕

五、敵輸送路遮断要領〔中略〕

（ロ）敵船舶の攻撃〔中略〕

（四）敵船舶及《およ》び載貨の撃沈に止まらず、敵船舶要員の徹底的撃滅を併《あわ》せ実施すると共に、情況許す限り船員の一部を捕捉し敵情獲得に努《つと》む

（「機密第一潜水部隊命令作第二号」『A級極東国際軍事裁判記録（№61）』国立公文書館）

検察側が入手していたのは、一九四三年三月二〇日に、当時第六艦隊第一潜水戦隊司令官だった三戸寿が、インド洋で撃沈した船舶の生存者を撃滅するよう指示した命令書だった。尋問で使用されていたのは、命令書の英訳文である。嶋田への追及は厳しく、以下のような質疑が続いた。

○尋問官……〔命令書の〕四段落目から読み、海相としてこの命令を知っていたかどうか述べて下さい。

○嶋　田……前に読んだことがあるように思いますが、よく思い出せません。

○尋問官……読んだ段落を一語一句思い出せなくても構いません。戦争中、日本海軍に関する限り、この命令にある内容が実際あったことをよく知っていますね？

○嶋　田……アメリカ海軍も同じでしょう。海軍はアメリカも日本も同じ。

○尋問官……それは全くの言い逃れです。問題なのは、命令が他国の海軍で流布されていたかではなく、こうした命令が日本海軍の戦争指導において行われたかどうか

です。

○嶋　田……もし、そのような命令が出ていたのなら、そこにある方法によって命令が遂行されたのでしょう。しかし、私はよく覚えていません。

（『尋問調書』第八巻）

撃沈した商船の乗組員を殺害したり、虐待したりすることは、「ジュネーヴ条約の原則を海戦に適用する条約」（一九〇七年）に反する行為だった。国際法に明確に反するこの事件を、検察側は重く見ていたのである。なお、この命令書の日本語版（原文）を提示した場合、この責任を取るかと尋問官が問うと、嶋田は「はい」と返答している（同前）。

以上、海軍出身の被告人について確認してきた。海軍については、真珠湾攻撃、南洋委任統治領の軍事化、潜水艦事件の三つの事件が主な論点になったことがわかる。これらの事件は、東京裁判で検察側が最も力を入れて追及する海軍関係事件となった（以上、拙稿「東京裁判と日本海軍」『日本史研究』第六〇九号も参照）。

外務官僚への尋問

外務官僚で被告人に指名されたのは、重光葵《しげみつまもる》（元外務大臣）、東郷茂徳《とうごうしげのり》（元外務大臣）、松岡洋右《まつおかようすけ》（元外相、公判中に病死）、白鳥敏夫《しらとりとしお》（元駐伊大使・外務省顧問）、広田弘毅《ひろたこうき》（元首相・外相）である。大島浩は、陸軍出身だが主に駐独大使時代のできごとを問われているので、ここで一緒に紹介することにする。

まずは、重光の尋問について。この尋問での検察側の主な目的は、捕虜問題に対する重光の責任を明確にすることだった（『尋問調書』第四八巻）。戦時中、外務省は、海外から寄せられた捕虜虐待への抗議文書や、捕虜の身元確認の連絡を受けていた。ジュネーヴ条約を「準用」すると回答したのも外務省である。検察側は、捕虜問題と外務省の関係や、その責任を問おうとしていたのである。

特に、ジュネーヴ条約の「準用」については重点的に質疑が行われた。なぜ、日本はジュネーヴ条約のすべての条項を適用しなかったのか、「準用」の回答の責任は誰にあるのか、尋問官は厳しく問い質している。

これに対して重光はこう応じる。「準用」とは「できる限り」の意味であり、全条項を適用しなかったのは日本がこの条約に詳細にわたって拘束されたくなかったからだ、と。また、「準用」回答については、最終的には内閣に責任があるが、主たる責任は陸海軍にある、とも指摘している（同前）。応答からは、捕虜問題の主たる責任が軍にある、という重光の認識が浮かび上がる。

東郷の尋問でも、捕虜問題は大きく取り上げられている。捕虜や捕虜収容所を管理する権限は誰にあったのか、ジュネーヴ条約の「準用」とはどのような意味か。多くの質問が東郷に向けられた。

これについて、東郷はこう回答する。捕虜や捕虜収容所に関する権限は、日本国内については陸軍大臣にあった。ジュネーヴ条約の「準用」とは、条約を可能な限り適用するという意味である（『尋問調書』第一巻）。重光同様、東郷も捕虜問題について軍の責任を示唆、強調しながら応答している点が注目される。

自衛戦争論のはらんだ問題

東郷の尋問では、東郷自身の戦争観がたびたび披瀝されている。日米開戦の際、外相であったこともあり、東郷には真珠湾攻撃に関する質問が多く出された。検察側はこう追及する。日本がアメリカに送付した文書は、宣戦布告ではなく交渉打ち切り文書である。誰がこの文書の内容に責任があると思うか。

東郷の応答はこうである。この文書は「宣戦を布告する」という言葉は含んでいないが、交渉打ち切りと外交断絶を明言している。当時の状況からして、宣戦布告と同様のものとみなされた。

また、アメリカへの通告の内容を議論した際、国際法や条約は考慮されたのか、という追及に対しては、海軍の永野修身と伊藤整一《いとうせいいち》（軍令部次長）が無通告攻撃を主張したが、自分はこれに反対だった、と答えている。さらに、そもそも自衛戦争の開始については、通牒の送達が不必要であるにもかかわらず、攻撃に先立って通牒が米国政府に送達されるようにあらゆる努力がなされた、という持論も展開している（同前）。

このやり取りからわかることは、東郷が、アジア太平洋戦争は自衛戦争であった、という確信を持っていたということである。ＡＢＣＤ包囲陣（米英中蘭による対日経済封鎖）のなかで圧迫され、日本は生きるか否かの瀬戸際だった。日本は自衛戦争を戦わざるを得なかった。切迫した状況だったのだから、あの通告は「宣戦布告」として読まれるべきだ。そして、自衛戦争の場合には事前通告は必要ない。これが、東郷の認識だったのだろう。こうした認識は、東郷の獄中記にも記されている（東郷茂徳『時代の一面［普及版］』）。

だが、東郷の議論では、そもそも対米開戦という日本の選択が、日本の中国侵略や日中戦争の行き詰まりという事実の延長線上にあったという点が、不問に付されている。戦争回避のために日米間で行われていた、日米交渉で最大の懸案となったのは、中国大陸からの日本軍の撤兵である。東郷の主張は、なぜ、日本が切迫される状況に追いやられたのか——、その背景にあるはずの日中戦争に対する日本の戦争責任が、結果として軽視されることになる議論だった。こうした議論は、先に見た陸軍軍人たちの自衛戦争論にも共通する点である。

独伊との世界侵略共謀

松岡洋右と大島浩への尋問では、日独伊三国軍事同盟が中心テーマになった（『尋問調書』第一九巻、三三巻）。検察側は、松岡と大島がドイツと日本の共同謀議の基礎を担った、と考えていた。検察側は、条約締結の経緯、アドルフ・ヒットラーやリッベントロップ外相との会話の内容、そして、条約の目的を詳しく聞き出そうとしている。

白鳥敏夫への尋問でも、三国同盟に関する追及が多く行われている。特に重点的に扱われたのは、白鳥が外務省顧問時代に著した「三国同盟と明日の世界」（『経国』一九四〇年一二月号）であった（『尋問調書』第一〇巻）。白鳥はこの論文で、民主主義や個人主義を批判し、日独伊三国の「全体主義」を擁護・正当化していた。この論文で白鳥が、三国同盟の誕生した理由と任務には「何等《なんら》の疑念もあり得ないであろう」と述べていたことが、のちの審理でも紹介されている（『速記録』第二巻）。

一方、広田弘毅の尋問では、いわゆる「広田三原則」（一九三五年、外相の広田が中国に提示した、排日取締、「満州国」黙認、共同防共の三条項）や、軍部大臣現役武官制の復活（一九三六年、広田内閣時）などに関する質疑が行われた。検察側は、広田が関係した政策の内容から、広田を「陸軍の支配を容認した集団の代表格」であった、とみていた（『尋問調書』第二八巻）。

「陸軍の支配を容認」

ところで、のちの審理や判決との関連で重要なことは、広田の尋問で残虐行為に関する追及がほとんど行われていなかったことである。よく知られているように、東京裁判の判決で広田は、南京事件を知っていながら外相として充分な再発防止措置をとらなかった、として厳しく追及された。だが、尋問の時点では、「日中戦争の間、どれ位の中国人が殺されたのか」との概略的な質問があっただけである。アーサー・A・サンダスキー検察官が作成した、検察局執行委員会宛ての報告書（四六年三月一四日）にも、残虐行為に関する項目はない（同前）。当初、南京事件は広田の追及事件としては重要視されていなかったのである。

ここまで、外務官僚の尋問内容を駆け足で確認してきた。①捕虜問題、②無通告開戦、③日独伊三国同盟、④広田内閣の政策決定。これらが外務省関係事件のなかでも重点的に問われることになった。

重視された被害と軽視・無視された被害

「通例の戦争犯罪」の追及方針

それでは、日本軍の残虐行為（通例の戦争犯罪）については、どのような追及方針が固められていったのか。検察側の政策決定文書を基に、彼らの方針を読み解いてゆこう。

一九四六年三月二日、コミンズ・カー検察官が、裁判での検察側の基本方針となってゆく考え方を、検察側の会議で示している。カーいわく、捕虜への暴行、そして、インドネシアなどにおける民間人抑留者や占領地域の住民への暴行は、これらが個々の犯罪として連続して起こっていたわけではなくて、一つの重大な戦争犯罪として引き起こされたことが示されるだろう、と（『政策決定関係文書』第四巻）。検察側は、各地域での戦争犯罪が個々に行われていたものではなく、日本側の「一般方針」に基づいて行われた、一続きのものであったと考えていたのである。

なお、カーが言及している民間人抑留者とは、戦時中、日本軍に抑留された「敵国」民間人のことである。戦時中、日本は、ジュネーヴ条約を民間人抑留者にも「準用」すると連合国側に通知していたので、検察側はこの点に注目していたようだ（民間人抑留者については、内海愛子「加害と被害」歴史学研究会編『講座世界史8　戦争と民衆』）。インドネシアには、この地を植民地支配していたオランダ人が多く暮らしており、彼らも日本軍の抑留の対象になっていた。この問題は、特にオランダにとっては、外すことのできない問題だったといえよう。

捕虜問題への執念

しかし、検察側は捕虜・民間人抑留者・現地住民という三者の被害を、平等に追及しようとしていたわけではなかった。検察側の政策決定過程で重要なことは、上記のような「通例の戦争犯罪」の追及方針が、もっぱら捕虜問題を主としながら作られていた、ということである。検察側の政策決定で、個別に言及されている戦争犯罪の多くは、連合国捕虜虐待の問題である。「通例の戦争犯罪」に関する議論は、「III Treatment of Prisoners of War」（不適切な捕虜の取り扱い）、「POW Camps」（捕虜収容所)、「POW and Atrocities」(捕虜と残虐行為)、といった項目として扱われていることがほとんどである(『政策決定関係文書』第四巻)。Prisoners of War(捕虜)、略称の「POW」という文言が、検察側の議事録や資料には幾度となく登場する。検察側は、捕虜問題に重点を置いていたのである。

中国(中華民国)から向哲濬《こうてつしゅん》検察官が派遣されていたこともあり、南京事件については議論がなされている。証拠や目撃者の確保も積極的に行われ、松井石根も、早い段階から事件との関わりや責任を指摘されており、被告人にも編入されている。しかし南京事件以外に、アジアの現地住民に関する犯罪が個別に議論された形跡はほとんどない(以上、同前)。南京事件は、あくまで例外的に扱われたアジアの被害の一部だった、というべきである。

このように、検察側の主たる関心は、明らかに、連合国捕虜虐待の責任者を追及するという点にあった。現地住民への犯罪は、中国のように検察官を送り込めた地域は別として、検察側の政策決定で軽視される傾向にあった。

なお、アジア出身の参与検察官の一人に、フィリピンのペドロ・ロペスがいたが、ロペスが東京に到着したのは、裁判開廷が差し迫った、四六年の四月二日のことである(永井均『フィリピンと対日戦犯裁判』）。彼は、三月に行われた被告人選定に関する会議には参加していない。

追及と「協力者」

また、捕虜問題の追及では検察側の強力な「協力者」が存在したことも見逃せない。多くの情報を検察側に提供していたことから、「裏切り者」ともいわれた、田中隆吉《たなかりゅうきち》（元陸軍省兵務局長）の存在である。陸軍の要職を務めた田中の情報は、いわば重要な「内部告発」の意味を持った。田中は検察側の尋問で、前述のドゥーリトル飛行隊処刑事件や日本の捕虜管理機構など、捕虜問題に関する詳細な情報を検察側に提供している（粟屋憲太郎・安達宏昭・小林元裕編、岡田良之助訳『東京裁判資料・田中隆吉尋問調書』）。

図5　田中隆吉
朝日新聞社提供

田中は、「田中について」（一九四六年三月一八日）と題するメモも検察側に提供していた。このメモには、一九四二年五月の局長会報（陸軍省で行われていた幹部による会合）で、東条英機が次のように語ったとの記述がある。

彼ら〔近く日本に到着する予定の捕虜〕には強制労働をさせるべきである。日本の力を示すためには、朝鮮、台湾、満州、さらには支那に捕虜収容所を設置し、彼らに強制労働をさせることが絶対に必要である。労働力不足のこの時節に捕虜を働かせれば、一挙両得である。（同前）

田中は、この局長会報以降、捕虜はジュネーヴ条約に則った処遇を受けず、強制労働を余儀なくされたと述べている。これは東条にとって極めて不利な証言だった。

捕虜問題への厳しい追及は、こうした「協力者」によっても支えられていたのである。

無視された植民地支配

東京裁判が、日本の植民地支配に対する責任を問題にしなかったことはよく知られている。検察側が提出した起訴状にも、朝鮮・台湾の植民地支配に関する訴因は入っていない。植民地支配の問題は、どのように無視されていったのか。この点を、朝鮮総督を務め、日本の植民地支配と深い関わりを持っていた二人の被告人、南次郎（元陸相・朝鮮総督）と小磯国昭（元朝鮮総督・首相）への追及から確認しておこう。

まずは南について。検察側はノーバート・A・ノーラン（対敵諜報部隊［CIC］特別情報員）による報告（一九四五年一月二五日）から、南に関する情報を入手していた。「彼は

図6　南　次郎
朝日新聞社提供

朝鮮総督として、朝鮮人の若者に日本陸軍の志願兵に来るよう求めた。日本人の名前に似せるため、彼らの伝統的な一文字の名字に、一文字か二文字加え、本来の名前を変えるという、朝鮮人の規程を作った」、報告書はこう指摘している（『尋問調書』第一四巻）。これは、朝鮮での陸軍特別志願兵令（一九三八年）や創氏改名（一九四〇年）を指したものであることがわかる。

しかし、こうした情報は、南の追及には全く反映されなかった。南尋問では、満州事変に関する質問が大部分を占めており、南の朝鮮総督在任中（一九三六年八月〜四二年五月）の問題では、朝鮮軍の動向に関する質問がわずかに行われた程度だった（同前）。法廷での追及も、主に、満州事変に対する南の責任に関するものだった（『速記録』第九巻）。検察側の主たる関心は、朝鮮総督としての南にではなく、満州事変時の陸軍大臣としての南に向けられていたのである。

痛覚なき尋問

次に、小磯への追及をみてみよう。検察側の小磯国昭観が最もよく現れている文書が、R・H・ギリランド中尉が作成した「小磯国昭（大将・首相）について」（一九四五年一二月一一日）である。この文書は「彼の朝鮮での施政は、『虎』と呼称されるほどに、極めて冷酷なものだと報告されていた」と記していたが、一方で次のような見方も示していた。

もし、確実な事実を確定できるなら、彼は、戦争犯罪人となりうる人物とみなされるかもしれない。捕虜と民間人抑留者の計画的な飢餓は、彼が首相になってすぐに始まった。彼はマニラ戦地区のフィリピン市民の殺害命令にも責任があるかもしれない。

（『尋問調書』第二二巻）

戦争犯罪人への編入に関連して、小磯について挙げられている事件はほかにはない。この文書に関する限り、追及の矛先は、植民地支配ではなく、捕虜問題やフィリピンでの残虐行為に向けられていた。

また、小磯が、満州事変の勃発から「満州国」建設にかけて、陸軍省軍務局長や陸軍次官を務めていたこともあり、検察側は満州事変に対する小磯の責任を追及しようとしていた。一九四六年三月一八日の執行委員会では、小磯を、満州事変と「満州国」建設につい

図7　小磯国昭
朝日新聞社提供

て被告人に含めるべきである、という意見が出されている（『政策決定関係文書』第四巻）。

小磯尋問で争点になったのは、①首相在任時（一九四四年七月〜四五年四月）の最高戦争指導会議、②首相在任時の捕虜問題、③満州事変と「満州国」の独立、の三点だった（『尋問調書』第一二巻）。

なお尋問では、ごくわずかだが、小磯の朝鮮総督時代（一九四二年五月〜四四年七月）に関するやりとりがある。少ないやり取りのなかに、追及する者と裁かれる者の植民地支配への認識がよく現れている。以下は、四六年三月七日の小磯尋問でのやりとりである。

〔尋問官〕「朝鮮の虎」という名称〔小磯のあだ名〕があったことを知っているか。

〔小磯〕その噂は聞いたことがある。なぜそのような名称――「朝鮮の虎」――で呼ばれたのか、全く見当もつかない。そのように見える私の顔の見かけ〔が原因ではないか〕。私は朝鮮の人びとをできる限り親切に扱い、何人かの日本の政治家から批判すらされた。当時、朝鮮人官吏の標準〔待遇〕は、日本人官吏よりも低かった。私はその違いを取り除いた。

〔尋問官〕どうやって？

〔小磯〕朝鮮人官吏に追加手当を支払うための追加予算を要請した。（同前）

小磯の回想によれば、「朝鮮の虎」と呼ばれたのは自分の見かけが原因だ、と述べた際、検察官や同席していた速記者は、声を立てて笑っていたとのことである（小磯国昭自叙伝刊行会編『葛山鴻爪』）。

この後、検察側は、小磯の植民地支配に対する責任を全く追及しなかった。法廷で検察側が主な論点としたのは、①満州事変、②首相在任中の東アジア政策、③「小磯の俘虜との関係」であった（『速記録』第九巻）。

以上のように、検察側は日本の植民地支配に対する責任を問わなかった。検察側には、植民地支配を問題視し、それを追及するという主体的な意思がなかったのである。また、台湾の植民地支配が、検察側の政策決定で検討された形跡はない。法廷でも、台湾への植民地支配は一切問題として取り上げられなかった（以上、拙稿「序列化された戦争被害」『年報・日本現代史』第二二号参照）。

「第二の戦争」

日本側の裁判対策

裁判対策の開始

戦争は継続している！

敗戦直後、日本に暮らす多くの人びとが「戦争は終わった」、という安堵感を抱いていた。「空襲から解放された」、「生き延びることができた」。こうした実感を持った人びとが多かったのではないだろうか。「戦争からデモクラシーへ」という時代の変化——もっとも、沖縄の軍事占領や、朝鮮・台湾などの旧植民地出身者への差別が継続・強化されるなど、特定の人びとを排除した上で成立していた「デモクラシー」だったが——を感じた者も多かったはずだ。

だが、戦犯となった人びとが置かれた状況は、こうした人びととは大きく異なった。自身の関わった戦争について尋問され、起訴され、法廷で追及される。これが彼らのおかれた境遇である。「戦争は継続している」というのが、被告人や裁判対策に関わった者の率直な思いだった。一九四六年五月二日、海軍側の弁護対策の中心的メンバーの一人であった竹内馨《たけうちかおる》（元海軍少将）は、弁護方針に関する打合せ会議の席上で、「武器は捨てたが、吾々《われわれ》の戦斗《せんとう》は未だ継続している」との考え方を示している（「戦争裁判連絡委員会議事摘録」『A級一部B・C級裁判参考資料　戦争裁判連絡委員会同右幹事会（金曜会、木曜会）関係』国立公文書館）。日本側の裁判対策は、いわば「第二の戦争」とでもいうべき意味を持つものだったのである（NHKスペシャル取材班『日本海軍四〇〇時間の証言』）。

日本政府と裁判対策

戦犯への処罰や戦争責任の追及を前にして、どのように対応すればよいのか。日本政府にとっても重大な課題の一つだった。

一九四五年九月一二日、日本政府は、終戦処理会議（戦争中の最高戦争指導会議から改称）で、戦犯裁判に対する態度について議論した。この際に出された大きな対策方針は三つである。すなわち、①天皇に責任を及ぼさないこと、②国家を弁護すること、③前記二つの方針に反しない限りで、極力、個人を弁護すること、の三点である。ポツダム宣言受諾をめぐって、「国体の護持」や天皇制の温存に最後まで固執していた日本政府にとって、天皇に追及の手が及ぶことは、絶対に避けなければならないことだった。

図８　キーナン（左は東条英機）　朝日新聞社提供

しかし、日本政府の弁護支援は、大きな壁に遭遇することになった。翌年、一九四六年二月一六日、キーナン首席検察官は、戦犯の処罰を規定するポツダム宣言の内容と矛盾する、という理由から、弁護資料の提供を除いて、政府が弁護に関与することは禁止すると、外務省の太田三郎（戦犯室長）に伝達してきた（前掲『戦争犯罪裁判概史要』）。弁護活動への政府の関与は、大きな制限がかかったものになったのである。

だが、キーナンのこの指示は、逆にいえば、弁護資料の提供という形を装いながら、政府や各官庁が弁護対策を行える、という余地を残したものでもあった。東京裁判の直接の根拠となった「極東国際軍事裁判所憲章」も「公正なる審理のための手続き」として、被告人の弁護をはっきりと認めている。キーナンやＧＨＱも、全面的な弁護活動の禁止を行うわけにはいかなかったのである。日本政府は、戦犯を公式に弁護することはできないが、GHQの同意を前提にしながら、政府内の関係機関が弁護や戦犯の家族に対する連絡・世話などを行う、という態度をとることになる。最終的に、陸軍の弁護対策は陸軍省（のち第一復員省）のグループが、海軍の対策は海軍省（のち第二復員省）のグループが、といった具合で、各官庁での裁判対策が継続してゆくことになった（日本側の裁判対策機構などについては、日暮吉延『東京裁判の国際関係』も参照のこと）。

それでは、裁判対策はどのような組織、弁護人によって行われたのか。対策方針や審理での攻防を見る際にも、これらの情報が重要となるので、まずは基本的な裁判対策機構や弁護人の選任過程を整理しよう。

陸軍の裁判対策と弁護人の選定

組織的な資料収集や弁護人選定が行われたケースから、もっぱら個人の縁故関係を利用して弁護人への依頼が行われたケースまで、裁判準備の過程は、各被告人、あるいは所属していた組織ごとに大きく異なっている。

まずは、陸軍について。戦時中、陸軍における裁判に関する機構は、陸軍軍法会議法（一九二一年）に基づいて構築されていた。この事務の中枢を、陸軍省内の法務局という部局が担っていた。日本の敗戦に伴って法務局が解体されると、一九四六年四月に戦争裁判事務を担当する法務調査部が新設されることになった。この調査部の部長となったのが、陸軍省の法務局長だった大山文雄である。法務調査部の業務は、庶務科、調査科、復員調査科の各科が分担した。戦犯裁判の事務は、調査科の援助を受けつつ、主に庶務科で処理されたという（前掲「大山文雄氏からの聴取書」）。

弁護人の選任は、各被告人の知人、友人を介して探すという縁故関係を利用した方法で進められたが、日米開戦時の首相でもあり、厳しい追及が予想された東条英機の弁護人の選任は難航した。陸軍側では、清瀬《きよせ》一郎《いちろう》（弁護士）がいったん容疑者全員の弁護人を引き受けておき、本人や家族が弁護人をみつけて依頼した時点で、清瀬の弁護の届け出をその都度取り下げてゆく、という手順がとられていた。

しかし、東条の弁護を申し出る弁護士は誰もいなかった。東条については、「いっそ清瀬にやってもらったらどうか」との陸軍省幹部の声が上がったという。その後清瀬は、スガモプリズンに収容されて間もない東条に面会、弁護人就任の可否を問うた。東条は清瀬に、「よろしく頼む」と応え、ようやく弁護人が決定したのである（清瀬一郎『秘録　東京裁判』）。

海軍の裁判準備と弁護人の選定

一方、海軍の裁判準備は組織を挙げて行われ、きわめてスムースに進んだ。

海軍の裁判対策は、一九四五年八月一七日、海軍終戦連絡委員会の設置とともにスタートした。昭和天皇によるラジオ放送から二日後、正しく敗戦直後の準備開始だった。敗戦処理のための機関として設置されたこの委員会は、①総合対策、②武装解除、武器引渡、③軍備撤廃、海外部隊保護、休戦条約、④復員、⑤国内対策、⑥対外折衝、⑦捕虜、抑留者、国際法規関連事項、の七つの分科会で構成された。このうち、⑦の第七分科会が戦争裁判に関する業務を担当している（豊田隈雄『戦争裁判余録』）。ここでも、「捕虜」、「抑留者」という用語が入っていることが注目される。日本側の対策も早くから、連合国の捕虜と抑留者の問題を念頭に置いていたのである。

一二月一日、第二復員省（海軍省の後継機関）が設置されてからは、この省の官房臨時調査部が戦犯裁判関係の事務を担当した（前掲『戦争犯罪裁判概史要』）。翌一九四六年一月二五日には、弁護資料研究班が設置され、具体的な弁護資料の研究・準備が進められている（前掲『戦争裁判余録』）。

弁護人の選定と資料の収集では、海軍の組織力が発揮された。海軍側の主任弁護人を務めた高橋義次（東京弁護士会会長）は、「海軍関係被告の弁護人は、海軍伝統の統制力によって次々と決定した」とのちに回想している（「高橋義次氏からの聴取書」一九六三年二月二〇日『東京裁判（弁護人）』国立公文書館）。

また、高橋と同じく、海軍の弁護人を務めた宗宮信次も次のように回顧している。

嶋田〔繁太郎〕、岡〔敬純〕両将軍の弁護資料等は、悉《ことごと》く旧海軍で蒐集《しゅうしゅう》して弁護人に提供され、至れり尽せりに弁護人を援助せられた。弁護人は単なるその機関たる感があった。

（「A級戦犯弁護の回顧　岡敬純元海軍中将主任弁護人　宗宮信次」一九六三年八月二九日、前掲『東京裁判（弁護人）』）

海軍側の裁判対策は、円滑な滑り出しを見せていたといえよう（前掲「東京裁判と日本海軍」）。

外務省の態度と裁判準備

次に外務省関係の裁判準備についてみておこう。当時、外務省の置かれた状況はきわめて特殊だった。外務省出身の被告人の弁護にあたった者の証言や、関係史料によれば、

①当時GHQとの連絡役になっていた外務省の立場がきわめて「デリケートなもの」であったこと。

②外務省内に、残虐行為を犯した「不法行為者」を政府が援助するのは、対内的にも対外的にも不適当だとする考え方が存在したこと。

以上のような複雑で微妙な「空気」が存在するなか、外務省は戦犯の問題に取り組まなければならなくなったという（「柳井恒夫氏との会談録」一九六三年五月一〇日『柳井恒夫（重光）大原信一（大川）聴取書』国立公文書館。「法務審議室設置に関する打合会における審議要点」一九四五年一二月一四日『東京裁判関係重要史料』防衛省防衛研究所戦史研究センター史料室）。外務省が組織的な裁判対策を行ったり、弁護団を指導したりすることは、不可能に近い状況だった。

こうして、外務省の弁護団への支援は、資料提供に完全に限定されることになった。東郷茂徳の弁護人であった西春彦《にしはるひこ》は、「当時は戦犯は何処《どこ》でも大変評判が悪く、外務省にも同情がなく、弁護に積極的協力は得られなかった。ただ外務省にあった書類は何でも見せて貰《もら》った」と回想している（「西春彦氏からの聴取書」一九六〇年七月二〇日、前掲『東京裁判（弁護人）』）。弁護人の選定も、被告人の知人といった縁故関係を利用して行われた。弁護費用が被告人本人や知人からの寄付で賄われることもあり、どうにか切り抜けられたというケースもあった（同前）。組織として直接弁護に関与しない、この方針が外務省では徹底されていたのである。

なお、他の文官被告人たちも、個人単位での弁護人探しや弁護対策を行うケースが多かったようである。賀屋興宣《かやおきのり》（元大蔵大臣）のように、後援会が作られて支援が行われることもあったが、これも賀屋の同郷・同期の友人による有志団体だった（「元東京裁判弁護人（賀屋被告担当）高野弦雄《たかのつるお》氏からの聴取書」一九六三年三月二一日、前掲『東京裁判（弁護人）』）。

解体された陸海軍と異なり、外務省や大蔵省といった文官の官僚組織は戦後も生き残り、継続している。あくまで推測だが、彼らが積極的な弁護支援を行わなかった背景には、戦後の勢力拡大や権力回復を念頭に置いて、少しでもGHQににらまれるようなことはしない――いいかえれば、GHQに協力する姿勢を示しておく――という判断があったのかもしれない。

交差する戦争観――陸軍・海軍・外務省の確執

日本側の裁判準備は、作業が進むにつれてその限界があらわになった。各省庁、あるいは被告人単位で具体的な裁判対策が進められたこともあり、日本側全体が足並みをそろえることが難しかったのである。特に、「戦争の最大の責任は誰にあるのか」という問題をめぐっては、激しい対立と相互不信が生じていた。小磯国昭の弁護人だった、三文字正平《さんもんじしょうへい》は当時の状況をこう振り返る。

誰が戦争を引き起こしたのか

日本弁護団は当初は協力一致してやる熱意を持っていたが、審理が進むに連《つ》れ、陸〔軍〕、海〔軍〕、外〔務〕、その他文官被告関係で離反してしまった。それは、海軍や外務で、「この戦争は陸軍がやったのだ」と主張するし、陸軍は陸軍で「海軍が戦争に賛成したからだ」と云《い》い、外務はまた「吾々《われわれ》は悉《ことごと》く戦争に反対したのだ」と云《い》うような思想に転化して行ったためであり、弁護を結果的に見れば分裂したものになった。（「三文字正平氏からの聴取書」一九六三年四月四日、前掲『東京裁判（弁護人）』）

弁護団全体の統制がとれず、責任転嫁が連続していった様子が伝わる回想である。三文字の指摘するような状況は、かなり早い段階から顕在化していた。たとえば、一九四六年一月二三日付で、陸軍側が作成した裁判対策文書「大東亜戦争開戦に至る重要国策決定時における陸軍の態度に関する観察（案）」には、こう記されている。

> 概して陸軍は比較的積極、海軍は比較的消極なる態度の相違は実存せるも、海軍作戦を主体とする太平洋戦争に在《あ》りては、陸軍の比較的積極論が海軍の比較的消極論に聴従《ちょうじゅう》するを要したるは当然にして、国策の決定は海軍の意見乃至《ないし》は思想により、司《ママ》配せられたること尠《すく》なからず。（『極東国際軍事裁判弁護関係資料五四』国立公文書館）

太平洋が舞台となるアジア太平洋戦争では、その「主役」となる海軍の意見が当然重要となる。対米開戦などの国策決定にあたっては、海軍の意見や考え方が大きな影響を与えていた。陸軍側の認識は以上のようなものだったといえるだろう。戦争に対する陸軍自身の積極性を認めつつも、対米開戦に対する海軍側の責任を示唆する形で、この文書はつづられている。

こうした弁護団の内部対立の背景には、「裁判を有利に戦うための戦略」という枠を超えた、各集団・被告人の戦争観の対立が存在した。つまり、三文字の回想にあるような、陸海軍、外務省の言い分は、単なる「裁判対策上の主張」だけに止まらず、彼ら自身の戦争観、戦争責任観を色濃く反映したものでもあった、ということである。以下、この問題について、少し踏み込んで検討してみよう。

陸軍の戦争観

陸軍側の戦争観の最大の特徴は、日本が行ってきた戦争を、まるごと自衛戦争論や「大東亜戦争肯定論」によって正当化していることである。

図9　東条英機
MacArthur Memorial 所蔵

このような認識が最も顕著だったのが東条英機である。東京裁判では、日本人の弁護人以外に、アメリカ人弁護人による弁護が認められていたが、東条は自身のアメリカ人弁護人の選任について次のような「条件」を出していた。東条は、担当弁護人の清瀬一郎に対してこう述べたという。

米人弁護士が、本気で自分を弁護するだろうか。君ひとつそのブルーエットト〔のちに東条のアメリカ人弁護人となった人物〕とかいう人に会って、弁護の条件について話してみてくれ。自分には法廷で陳述することが、三つある。これに同意ならば、弁護を受ける。その一つは、大東亜戦争は自衛のための戦争であったということ。その二つは日本の天皇陛下には、戦争についての責任がないということ。その三つは、大東亜戦争は東洋民族解放のための戦争であったということである。

〔前掲『秘録東京裁判』〕

かつての敵国だったアメリカ人に弁護されることへの、不信感が窺われる発言である。そして、アメリカ人弁護人の弁護を受ける条件が、アジア太平洋戦争は自衛戦争であり、アジア民族の解放のための戦争であったと法廷で陳述することである。東条は、すでにみた検察側の尋問でも同じ趣旨のことを語っているので、これらの主張は東条の絶対的な信念であったと考えてよいだろう。これは、典型的な自衛戦争論、「大東亜戦争肯定論」だった。

また、陸軍関係者の認識で際立っていることは、対米開戦だけでなく、それ以前の満州事変や日中戦争なども含めて、日本の戦争を自衛戦争として正当化しようとしていたことである。たとえば小磯国昭は、一九四七年二月から行われることになる、弁護側の冒頭陳述の作成にあたり、自身の意見を開陳しているが、その認識は、満州事変、日中戦争、張《ちょう》鼓《こ》峰《ほう》事件、ノモンハン事件、アジア太平洋戦争は、すべて自衛権の発動によるものであって、侵略戦争ではない、というものだった（小磯国昭「劈頭陳述資料（前回の補遺）」『冒頭陳述に対する各被告の希望意見（自筆）』一九六三年、国立公文書館）。

以上のような陸軍関係者の戦争観が、彼らの弁護方針や裁判対策の内容に盛り込まれてゆくことになるのである。

海軍の戦争観

海軍側の戦争観で特徴的なことは、アジア太平洋戦争を自衛戦争として正当化していた反面、中国などアジア諸国との関係については、日本側の問題点も認識していた、ということである。一九四六年五月に書かれた嶋田繁太郎の手記をみてみると、「大東亜戦争は侵略戦争にあらず」との考えが記されているが、一方で「〔日本人は〕日清戦争を経て、近年に至る迄《まで》、朝鮮、及び支那に対し優越観並《ママ》びに軽侮の悪習を有し来たり」と指摘している（嶋田繁太郎「嶋田大将手記」一九四六年五月『極東国際軍事裁判弁護関係資料六六〇』国立公文書館）。自衛戦争論を基本とする認識だが、陸軍側の全面的な自衛戦争論、「大東亜戦争肯定論」とはやや異なる認識である。

また、海軍内で、満州事変を自衛戦争だとして正当化することはできないという意見が出されていたことも重要である。国際法の専門家で、海軍書記官の職にあった榎本重治《えのもとじゅうじ》は、一九四六年一一月一八日に行われた海軍側弁護団の会議で、「自衛戦説は大東亜戦争についてのみなれば、米英の圧迫によるものなりとして云《い》い易《やす》きも、満州事変等は「リットン」調査団等の調査もあり、主張困難なり」という意見を述べていた（「条約軍備関係冒頭陳述に関する打合」一九四六年一一月一八日、『A級裁判参考資料　弁護人との連絡打合せその二』国立公文書館）。海軍内では、対米開戦を自衛戦争として正当化できたとしても、満州事変などについては、簡単に正当化することができない、という認識が存在したのである。

さらに、陸軍への批判的な視点が現れていた点にも注意しておく必要がある。裁判後の回想だが、嶋田は『陸、海軍の関係』（一九五八年、国立公文書館）と題する回顧録に、「満州事変はその発端において、我《わが》陸軍の行動に不明朗の点〔が〕あった」、「東亜大陸における我《わが》権益の直接擁護に当る陸軍の不明朗な行き過ぎに対して、同情の生ずるには時日を要した」と書いている。陸軍の問題性を重視する見方が、嶋田のなかにあったことがわかる。

外務官僚の戦争観

「自分たちは戦争の回避に努めていた」、「残虐行為など、主たる戦争の責任は軍部にある」。これが外務官僚の基本的な認識だった。

一九四六年四月二九日、重光葵は手記に次のように記している。

極力満州事変を防止せんとした自分が、満州事変の責任者として罪を問われ、張鼓峯事件を平和的に片附《かたづ》けた自分が対蘇侵略の罪に問われ、仏印侵略に関係ない自分がその責任を負わされ、統帥権に関係ない自分が今長沙、佳〔桂〕林の作戦の罪を問われ、又俘虜虐待の責を追及されて居る。人道主義の血は、自分の祖先伝統の血管に流れて居るのに、突如として日本軍隊の非人道的行為に対して代表して罪を問われて居るのは、何としても合点は行かぬ。余りにも逆転した境遇である。

（前掲『重光葵手記』。〔桂〕は本書の編者による注記）

戦争回避の努力をしてきたはずの自分が、軍が起こした残虐行為の責任まで負わされようとしている——。重光の激しい憤りが記された手記である。

なお、重光のこうした戦争観は、他の被告人の目からみても際立っていたようである。元陸軍省軍務局長の武藤章は、一九四八年八月一九日付の日記にこう記している。「午後、重光君と雑談していると、彼は徹底的反軍の結果、何《いずれの》事件も軍が積極的に悪企《わるだくみ》をして

図10　武藤　章
MacArthur Memorial 所蔵

いたように思い込んでいることを発見した。日本の外交代表がこんな具合であったのでは、外国が日本を誤解をしたのも無理がない」（武藤章『比島から巣鴨へ』）。武藤は、すべての戦争責任が軍に押し付けられているように感じたのではないだろうか。この日記には、武藤の強い不満が吐露されている。

継続する相互不信

陸軍、海軍、外務省の戦争観の違いは、弁護団内部での相互不信や対立を助長してゆくことになった。特に大きな組織間の対立は二つである。

第一の対立は、陸軍と海軍の対立である。嶋田の認識にもその一端が現れていたように、海軍側には、「戦争は陸軍が主導した」という見方が存在していた。こうした背景もあり、海軍が作成した裁判対策内容（弁明内容）に、陸軍の責任を強調して、海軍の穏健性を示そうとする内容が入り込んでゆくことになった。たとえば、海軍は陸軍の暴走をコントロールする役割を果たしていた、といった弁明である。陸軍側の裁判対策を担当していた井本熊男《いもとくまお》（元陸軍大佐）によれば、海軍側から出た意見のなかに、重要なポイントは陸軍の責任であるという趣旨の内容がいくつか含まれていたため、陸軍が怒鳴り込んだこともあったという（『極東国際軍事裁判史案　井本熊男氏所見』国立公文書館）。近代日本における陸海軍の対立や「不仲」は有名だが、対立は戦後の戦犯裁判でも継続することになったのである。

第二に、軍と外務省の対立が顕在化することになった。外務省側の認識は、軍部に主たる戦争責任があり、残虐行為も軍が引き起こしたもの、というものであった。弁明内容も外交官は常に戦争に反対だった、という趣旨のものになってゆく。こうした態度は、軍側に強い不信感を生むことになった。海軍側の裁判対策文書のなかには、海軍側の筆跡と思われる字で、「外務だけいい子になろうとの考えで、秘密主義に準備し、陸海軍に罪責を転嫁せんとするものならずや」と書き込まれている（「戦争裁判連絡委員会資料」一九四六年九月二〇日、前掲『戦争裁判連絡委員会・同右幹事会（金曜会、木曜会）関係』）。

嶋田繁太郎の補佐弁護人であった瀧川政次郎《たきかわまさじろう》は、軍と外務の弁護が対立することになった要因について、「この裁判において外務関係の被告と軍部関係の被告とが、利害において衝突し、また感情的には戦争中以来相対立していたことを反映するものである」と説明しているが、こうした側面が相当強かったことは否めないだろう（瀧川政次郎『新版　東京裁判をさばく』上）。こうした意味でも、裁判は「戦争の継続」だったのかもしれない。

弁護団の内部対立

国家弁護と個人弁護

深刻な戦争観の対立をはらみつつ、弁護対策は進んでいった。肝心の、弁護団全体の方向性に関する意思統一も容易ではなかった。弁護団では、国家弁護（裁判で、日本という国家を弁護するという立場。自衛戦争論に基づく弁明を行う）と個人弁護（被告人個人を弁護するという立場）のどちらの方針をとるかで、深刻な対立が続いていたが、結局最後まで方針の統一はなされなかった（前掲『戦争犯罪裁判概史要』）。瀧川政次郎によれば、外務省と大蔵省関係の弁護人が個人弁護を、陸海軍の弁護人が国家弁護を主張していたという（前掲『新版　東京裁判をさばく』上）。なお、昭和天皇は、一九四六年一〇月一〇日頃に「軍事裁判は国家主義で行くべきであると思う」との意見を、近藤信竹《こんどうのぶたけ》（元海軍大将）に伝えていたとのことである（「弁護士との打合せ研究」一九四六年一〇月一四日、前掲『弁護人との連絡打合せその一』）。

国家弁護についての認識も、陸海軍の間で相当開きがあった。海軍は各省との連絡機関であった戦争裁判連絡委員会で、以下の三つの方針を裁判で採るよう関係者に求め、一応の承認を得ていた（「戦争裁判連絡委員会議事摘録」一九四六年五月二日、前掲『戦争裁判連絡委員会・同右幹事会（金曜会、木曜会）関係』。「A級裁判に対する態度（案）」『A級裁判参考資料　裁判要務関係』国立公文書館）。

①国体を護持し、国家、個人の順でその被害を最小限度に止めること。
②天皇に迷惑がかからないようにすること。
③容疑者と弁護人の双方が「個人を通づる国体国家擁護」に徹すること。

しかし海軍のこの提案は、事実上「建前」にすぎなかった。

一九四六年七月二六日、陸海軍の弁護対策の会合で、陸軍側は海軍側の資料に対してこう述べている。いわく、「『海軍の立場』に論じありて飽き足らず。も少し国家的に大きく出られざるや」と。海軍の裁判対策の資料には、海軍という組織の立場が前面に出ている。もう少し国家全体の立場から対策を進めてゆくべきではないのか。これが陸軍の意見だった。

　これに対して海軍側の意見はこうである。陸軍側は、「各省別の見地に見ること」に重点を置いていない。陸軍はどこまでも「国家的見地」から弁護を試みようとしているが、自衛戦争論を否定しようとしている検察側を相手にして、陸軍のような「国家弁護」一辺倒の弁明では通用しない。国策決定の経緯やその真相に関して研究することが必要である。海軍側はこのように切り返している（「裁判要務処理委員会陳述事項」前掲『裁判要務関係』）。

　海軍側の意見は、事実上の「国家弁護封印宣言」だった。海軍側の意見は、裁判を乗り切るためには、多少「志」を曲げることはやむを得ないという、ある種のリアリズムと、満州事変などを自衛戦争論で正当化することはできないという、「本音」が入り混じったものだったように思われる。この後、陸軍は典型的な国家弁護を展開し、海軍は露骨な自衛戦争論を封印した、いわば「海軍弁護」を展開してゆくことになる。

国家弁護をめぐる関係者の複雑な想い

　また、国家弁護を選択した集団が盤石であったかというと、必ずしもそうとはいえなかった。弁護人のなかには、軍人への激しい怒りをもっている者もいたのである。瀧川政次郎は、自身が嶋田の補佐弁護人になるまでの経緯を振り返りつつ、次のように記している。少し長いが、貴重な記述なので引用しておく。

何かあれば軍を批判したがる法科経済科のやつどもは、戦争の役に立たぬどころか、国家の蠹賊《とぞく》〔ものごとを害すること〕である。そんな徒輩《とはい》は早く前線へつれていって殺してしまった方がよい、という考えで、学徒動員を行い、われわれの子弟をして『聞けわだつみの声』〔戦没学生の手記をまとめた書物のこと〕の哀歌を遺さしめたのは、どこのどやつか。それを思うと、われわれは腹の底まで煮えくりかえる。「責め一身に」と陛下に御迷惑をかけないようにしようという彼らの心底は殊勝《しゆしよう》である。しかし、それほど陛下の御為を思うなら、なぜ陛下が我が赤子とまで愛重せられるわれわれの子弟を一銭五厘の葉書〔召集令状、通称「赤紙」のことを指している〕と同じように取扱ったのか。「軍馬は一頭最低二百円するから、一銭五厘の葉書一枚でいくらでも集まるお前たちより大切だ」と、よくも面と向ってヌケヌケとほざいたな。

そんな不届きな将校がおぬしたち〔東京裁判の被告人〕の部下の全部であったとは言わぬが、まさかおぬしたちもそんなことは知らぬとは言い切れまい。われわれはそんな不届きな将校でも、同朋《どうぼう》〔仲間の意味〕だと思えばこそ、弁護に立つのだ。同邦人に対して罪万死に当る人間でも、敵国人によって裁判せられ、処罰せられるということは、いわれなきことである。故にわれわれは、その個人の弁護にも懸命の努力を捧げねばならぬ。そうは考えるものの、私としては個人弁護にはどうしても力が入らない。国家弁護に重点を置こうとした弁護士諸君の考えも、大たいこれと同じようなものではなかったか。（前掲『新版　東京裁判をさばく』上）

従来、大学や高等専門学校などの学生生徒は、在学徴集延期の対象だった。しかし、一九四三年に東条内閣の下で行われた、いわゆる「学徒出陣」では、理工系と教員養成学校を除く学生生徒の在学徴集延期が停止され、多くの人びとが戦地に赴くことになった。戦前・戦中から、瀧川は、国内外の大学で教授を務めてきた法制史学者である。これからの学問を担う学徒を軍部に奪われた、という深い悲しみと怒りが、この回想には現れている。軍人「個人」の弁護はできないが「国家」の弁護ならできる、というのが瀧川の率直な想いだったのだろう。

このように、弁護側の政策決定のプロセスや舞台裏をみてゆくと、時折、「近代日本の戦争の姿」が顔をのぞかせる。

自衛か侵略か

基本方針の不統一や戦争観の相克は、東京裁判の法廷で行われる弁護側の冒頭陳述にも影を落とした。冒頭陳述は、検察側や弁護側が、提出証拠の概要や方針など、基本的な認識を示す重要なものである。弁護側の最初の冒頭陳述は、一九四七年二月二四日から行われている。この冒頭陳述は、東条の担当弁護人の清瀬一郎を中心に作成されたものであった。その内容は、典型的な自衛戦争論、「大東亜戦争肯定論」に基づくもので、日本の戦争をほぼ全面的に正当化するものであった。

しかし、清瀬の陳述案には強い反対意見が寄せられ、ついには、冒頭陳述に不参加の意思を表明する被告人まで現れた。不参加を表明したのは、重光葵、平沼騏一郎《ひらぬまきいちろう》（元枢密院議長）、広田弘毅、土肥原賢二の四人であった。軍人以外の文官被告人の多さが目立つ。主な反対理由は二つあった。重光と広田の主張から、その理由をまとめておこう。

○重光……自分は、満州事変以来の戦争に終始反対して来たのだから、戦争を肯定した清瀬の冒頭陳述の趣旨には賛成できない（前掲「柳井恒夫氏との会談録」）。

○広田……この戦争を自衛戦だと主張することは、とんでもないことである（「花井忠氏からの聴取書」一九六一年一〇月七日、前掲『東京裁判（弁護人）』）。

外務官僚の戦争観がそのまま反映された反対理由である。戦争観の相違は、弁護側の冒頭陳述に不参加者を生むという、抜き差しならない状況を作り出すところまできていた。

当時、海軍側の法廷記録係として、日々の裁判審理を傍聴していた冨士信夫《ふじのぶお》（元海軍少佐）は、冒頭陳述に不参加の者が出たことについてこう回想する。

今後各部門の事実関係立証に、あるいは被告の個人弁護の立証に入った時は、相互の利害の相違から、被告間の相剋《そうこく》場面の出現も予測されて、弁護側立証の前途に一抹の不安を感じさせる事になり、私は寄合船「弁護丸」の前途多難な船出、との感を持った。（冨士信夫『私の見た東京裁判』上。振り仮名は原文）

基本的な方針や認識の統一が棚上げされたまま、各被告人、各組織の具体的な裁判対策が進行していった。

進行する陸軍・海軍・外務省の裁判対策

陸軍の裁判対策の内容

ここでは、大きな勢力をなした三つのグループ、陸軍・海軍・外務官僚のそれぞれの裁判対策の内容を確認していこう。

まずは、陸軍である。陸軍の弁護方針は、天皇に責任が及ばないようにすることと、徹底的な国家弁護を基本とすること、の二点を基調とするもので、各被告人の量刑はなかば度外視される傾向にあった。

陸軍の裁判対策の目的は、国家（日本）として正しいと思われる主張を強行し、汚名を排除してゆくこと、と考えられていた（井本熊男「国際裁判に臨む態度」一九四六年四月一〇日『極東国際軍事裁判資料調製に関する綴』国立公文書館）。三文字正平も、「私はこの裁判で将来の日本のために正しい歴史を残すことが第一の目的で、個人の罪刑は第二義的に考えた」という回想を残している（「三文字正平氏からの聴取書（第三回）」一九六三年五月一七日、前掲『東京裁判（弁護人）』）。

陸軍の被告人たちは、こうした方針を積極的に受容し、実行してゆく。たとえば、畑俊六（元陸相・支那派遣軍司令官）は、量刑はどうなっても構わないから、日中戦争の根本的な原因を考えるように弁護人に依頼していたという。その結果、畑の弁護は、日本が平和的に生存するためには、中国市場に進む以外に道はなく、武力行使や領土の獲得は目的ではなかった、という内容にまとめられていった。畑の弁護では、盧溝橋事件は日本側が仕掛けた戦いではなく、中国側が英米に唆《そそのか》されて行ったものであり、日本側は自衛上やむなくこれに応じた、という主張も行われている（法務大臣官房司法法制調査部「元東京裁判弁護人（畑被告担当）神崎正義氏からの聴取書（第一回）」一九六四年二月一二日『清瀬一郎（東条英機）、神崎正義（畑俊六）聴取書』靖国偕行文庫室）。

陸軍側にとって裁判は、なかば「自身の歴史観を披露する場」としてとらえられている。こうして、彼らの「本音」が次々と裁判対策の内容に盛り込まれてゆくことになった。日本の戦争は侵略などではない。日本は何も悪いことはしていない。陸軍の弁明では、こうした典型的な自衛戦争論や、「大東亜戦争肯定論」が繰り返されてゆくことになる。

海軍の裁判対策の内容

海軍では一九四六年二月の段階で、矢部貞治《やべていじ》（政治学者、元東京帝国大学法学部教授）が海軍関係の事件のうち、追及対象とされそうなものをリストアップする作業を行っている。ここには、南洋委任統治領の軍事化や真珠湾攻撃などが挙げられており、検察側の意図がほぼ正確に把握されていたことがわかる。

また、満州事変を自衛戦争論で正当化することはできない、という従来の認識も反映して、単純な自衛戦争論は回避された。榎本重治が裁判対策の過程で示した考えはこうである。満州事変は侵略戦であり、九か国条約違反の恐れがある。自衛戦争論も通用せず、海軍側の主張をかえって阻害する。

こうした榎本の判断はきわめて現実的だった。こうして、海軍では露骨な自衛戦争論は封印されることになったのである。

海軍が全般的には平和を愛好していた、という点も強調されることになった。海軍は日独伊三国同盟の締結や日米開戦には反対だった。日米開戦に消極的だった海軍は、陸軍などから軟弱だと非難されていた。真珠湾を無警告で攻撃する意図はなかった。以上のような線で弁明するものとされた。

一方、前述の潜水艦事件など、海軍による残虐行為については、海軍中央（海軍省、軍令部）と現地で生じた残虐行為とを切り離す、という方針が打ち出された。すなわち、海軍の被告人が、各地で生じていた残虐行為を関知していなかったことや、残虐行為の責任が現地の司令官にあることを明らかにする、という手法が採られたのである。また、捕虜虐待の問題については、捕虜は陸軍に引き渡していたので海軍に責任はない、との主張が展開されることになった。

陸軍が指摘していたように、海軍の弁護内容は、海軍の立場――特に海軍中央の立場――が前面に出された内容になったのである（以上、海軍の裁判対策については、前掲「東京裁判と日本海軍」）。

外務官僚の裁判対策の内容

外務省では、資料提供を除いて弁護に直接関与しない、という方針が徹底していたこともあり、外務官僚に関する弁護は、もっぱら各被告人と弁護人が個別に行うことになった。このため、彼らの弁明内容には、被告人の戦争観や各弁護人の方針が色濃く反映されてゆくことになった。「この戦争には吾々《われわれ》〔外交官〕は反対であった」という主張が、各所で展開されている。

また、裁判の形式を踏まえた、かなり現実的な方針も採られている。東京裁判は、形式の上では「連合国対被告人」の形を採っていたので、直接裁かれているのは、日本という国家ではなく、被告人個人だった。こうした点に着目していた外務官僚のグループのなかでは、「被告は国家ではなく、各個人であり、弁護されるべきものは、理論上当然個人」であるとの見方も出てきている（以上、前掲「花井忠氏からの聴取書」、前掲「柳井恒夫氏との会談録」）。外務省関係の弁明は、弁護団のなかで最も個人弁護の色彩が濃いものになっていた。

公文書の焼却・隠匿と戦争責任隠蔽工作

検察側の尋問を検討した際、すでに述べたことだが、ポツダム宣言受諾前後の段階で、日本側は相当数の公文書を焼却・隠匿している。公文書の大量焼却は閣議決定に基づいて行われ、陸海軍、内務省、外務省、大蔵省で大規模な機密書類の焼却があったことが明らかにされている。このため、検察側の証拠収集は大きな制約を受け、日本側の関係者への尋問が重要な情報源とされるようになったのである（吉田裕『現代歴史学と戦争責任』）。

東京裁判で重要な追及対象となった事件についても、大規模な隠蔽工作が行われていた。たとえば海軍では、潜水艦事件に関して、連合国側に提出する調査報告の改ざんや、事件関係資料の焼却などの措置が講じられていた。当時、第二復員省に勤務していた藤森康男《ふじもりやすお》

（元軍令部員）によれば、敗戦後、山梨県韮崎《にらさき》にあった海軍の関係資料を調査したところ、第六艦隊の命令のなかに「極力人員をセンメッせよ」との内容が記載されていることや、殲滅の事実を記載した資料が存在することを知ったため、二週間かけてこれらの記録をすべて焼却したとのことである。検察側は、この事件に関する決定的な証拠を獲得できず、東京裁判で潜水艦事件の真相を明らかにすることができなかった（前掲「日本海軍と『潜水艦事件』」）。このような水面下での隠蔽工作も、裁判対策としての重要な意味を持つことになったのである。

重視された捕虜問題に関する対策

検察側の戦争犯罪追及方針が、主に捕虜問題を中心とする欧米諸国の被害を念頭に置いて策定されていたことは、すでに確認した通りである。この事実との関連で重要なことは、日本側の残虐行為に関する裁判準備も、捕虜問題を中心に作成されていたということである。最も体系的な裁判対策を行っていた海軍の対策のなかでも、この傾向は顕著だった。一九四七年五月に作成された残虐行為に関する海軍の対策文書のタイトルは、「海軍における俘虜及び残虐行為問題に対する立証要領」であり、海軍の捕虜管理方針などについての弁明を行うとの方針が掲げられていた。この文書が対象にしている事件も、マニラ戦での海軍の残虐行為を除いて、すべて欧米諸国の被害、特に捕虜虐待の問題だった（『A級裁判参考資料　一、弁護人との連絡打合せその三、二、弁護団内における立証に関する研究打合せ』国立公文書館）。

陸軍の残虐行為に関する対策でも、捕虜問題が重視されていた。是恒《これつね》達見弁護人が作成した木村兵太郎（元陸軍次官）の裁判対策文書「起訴状を中心とし、木村兵太郎氏手記を参考として見たる本件弁護方針試案」を見てみると、「俘虜問題」の項目が設けられており、木村と捕虜問題の関係について整理されている（『極東国際軍事裁判弁護関係資料二一二』国立公文書館）。この史料のすぐ後に綴じ込まれている、「余に対する論告の重点判断」という木村のものとみられる手記も、「〔陸軍〕次官として俘虜虐待に関する責任を最重点と考ふ」との見方が出されている（同前）。

検察側同様、日本側の残虐行為に関する対策では、「俘虜」、「捕虜」の語が頻繁に登場する。ポツダム宣言や降伏文書に捕虜問題が明記されていたことなどもあり、連合国側の捕虜問題への関心の高さは、日本側にも伝わっていたのだと考えられる。詳しくは次の章で確認するが、法廷で追及された残虐行為の圧倒的なウェートを捕虜問題が占めたという事実も、日本側に捕虜問題への対応を余儀なくさせたものと思われる。捕虜問題への弁明は、日本側にとって喫緊の課題となっていたのである。

看過される植民地支配

こうした状況とは対照的に、日本の植民地支配に関する対策はほとんど行われなかった。一九四六年三月四日付の清瀬一郎による弁明案「暫定調査要目」にある、「人道犯罪」という項目をみてみると、「朝鮮台湾統治問題（鮮台人徴用、皇民化運動、朝鮮台湾徴兵問題、憲兵政府等）」との記載があるが、この後、弁護側がこの問題について検討を進めた形跡はない。この文書は、冒頭部分で「今後の進行により逐次変更を要す。殊《こと》に起訴状送達あらば根本的の更改を必要とす」と但し書きしているので、検察側が植民地支配の問題を追及しないことがはっきりした段階で、植民地支配の問題は調査項目から外された可能性が高い（前掲『東京裁判関係重要史料』）。

朝鮮総督を務めた経歴をもつ、小磯国昭と南次郎の裁判対策も、満州事変についての対策が中心である。先にみた検察側と同様、朝鮮総督としての彼らの責任ではなく、満州事変時の陸軍側の重要人物としての責任が重視されたのである。国立公文書館に所蔵されている、『被告小磯訴追に対する訊問書』、南次郎「満州事変に関する予の記憶の重なる点抜萃」（『極東国際軍事裁判弁護関係資料八七二』）などの関係資料を確認してみても、やはり満州事変に関する対策が中心となっている。管見の限りではあるが、小磯と南の弁護関係資料のうち、植民地支配に言及した文書は、『小磯被告個人関係　弁護資料・尋問応答要領』（国立公文書館）の一件だけである。この史料に綴じられている「朝鮮における学兵問題について」という文書には、「小磯総督は、常に真の内鮮一体顕現《けんげん》の時期を早からしむる事を、其の根本方針としたのである」と記されている。

このように、植民地支配の問題は検察側と弁護側の双方によって看過されていったのである。

法廷での攻防

始まった検察側の立証

起訴状、提出される

一九四六年四月二九日、検察側が作成した起訴状が裁判所に提出された。裁判所の裁判官は、一一か国（アメリカ、イギリス、中国、オーストラリア、カナダ、フランス、オランダ、ニュージーランド、ソ連、インド、フィリピン）から送り込まれている（表3）。検察官も、判事団と同じ一一か国から派遣された。起訴状は、これら参加国の政治的意図や利益が交差するものであった。日暮吉延が指摘しているように、起訴状作成の過程は、各国の法律家による「外交」交渉過程に他ならなかったのである（前掲『東京裁判』）。起訴状は、前文、本文、付属書の三部に分かれていた。

表3　判事一覧

代表国	氏　　名	生年月	年齢（1946.12.現在）	前職または本務
オーストラリア	ウィリアム・ウェッブ	1887年1月	59歳	連邦最高裁判所判事
カナダ	エドワード・マクドゥガル	1886年9月	60歳	ケベック州王座裁判所判事
中国国民政府	梅　汝璈	1905年	41歳	立法院外務委員会委員長代理
フランス	アンリ・ベルナール	1899年10月	47歳	軍事法廷首席検事
インド	ラダ・ビノード・パル	1886年1月	60歳	カルカッタ高等法院判事
ニュージーランド	エリマ・ノースクロフト	1884年12月	62歳	最高裁判所判事
オランダ	B・V・A・レーリンク	1906年12月	40歳	ユトレヒト司法裁判所判事
フィリピン	デルフィン・ハラニーリャ	1883年12月	63歳	司法長官，最高裁判所判事
イギリス	ウィリアム・パトリック	1889年12月	57歳	スコットランド刑事上級裁判所判事
アメリカ	マイロン・クレイマー少将	1881年11月	65歳	陸軍省法務総監
ソ連	イワン・ザリャノフ少将	1894年11月	52歳	最高裁判所判事

（出典）日暮吉延『東京裁判』講談社現代新書，2008年

図11　法廷の被告席　MacArthur Memorial 所蔵

前文の書き出しにはこう記されている。「以下、本起訴状の言及せる期間において、日本の対内対外政策は犯罪的軍閥により支配せられ、かつ指導せられたり」。一九二八年から一九四五年の日本の敗戦までの期間、日本の「犯罪的軍閥」が侵略戦争や世界の紛議の大きな原因となった。これが検察側の基本認識である（前掲「起訴状」）。なお、一九二八年とは、張作霖《ちようさくりん》爆殺事件の年を指している。

起訴状と訴因

それでは、具体的にはどのような内容を、どのように問うのか。これが訴因（追及対象になる事実を、犯罪の構成要件ごとに整理して記載したもの）として掲げられている。参加国が多かったこともあり、起訴状の訴因は全部で五五項目にもなった。それらの訴因は、「第一類　平和に対する罪」、「第二類　殺人」、「第三類　通例の戦争犯罪および人道に対する罪」に分類されて示された。以下に、これら五五の訴因を列挙しておこう（前掲「起訴状」、「訴因一覧」東京裁判ハンドブック編集委員会編『東京裁判ハンドブック』。表4も参照のこと）。

○第一類　平和に対する罪

・侵略戦争の共同謀議

訴因一

（一九二八年から四五年における侵略戦争の共同謀議）

訴因二〜四

（満州・中華民国・太平洋諸国に対する侵略戦争の共同謀議）

訴因五

（世界支配のための独伊との共同謀議）

・侵略戦争の計画準備

訴因六〜一七

（中華民国・アメリカ・イギリス・オーストラリア・ニュージーランド・カナダ・インド・フィリピン・オランダ・フランス・タイ・ソビエト連邦に対する侵略戦争の計画準備）

・侵略戦争の開始

訴因一八〜二六

（満州事変、日中戦争、北部仏印進駐、アメリカ・フィリピン・イギリス・タイに対する侵略戦争の開始、張鼓峰事件、ノモンハン事件）

・侵略戦争の遂行

訴因二七〜三六

（満州事変以降の侵略戦争の遂行、日中戦争以降の侵略戦争の遂行。アメリカ・フィリピン・イギリス・オランダ・フランス・タイに対する侵略戦争の遂行。張鼓峰事件、ノモンハン事件）

◯第二類　殺人

・宣戦布告前攻撃の殺人

訴因三七〜四三

（一九四〇年六月一日〜一九四一年一二月八日の殺人罪と殺人の共同謀議、不法戦争の開始による殺人の共同謀議、真珠湾不法攻撃、コタバル不法攻撃、香港不法攻撃、上海不法攻撃、ダバオ不法攻撃）

・捕虜・一般人、軍隊の殺害

訴因四四〜五二

（占領地における大量虐殺の共同謀議、南京・広東・漢口・長沙・衡陽・桂林と柳州における大量虐殺、ノモンハン・張鼓峰における殺害）

◯第三類　通例の戦争犯罪および人道に対する罪

毎日新聞
第一級戦犯人(廿八名)へ起訴状
歴史の事實を覆す
滿洲侵略に始まる
世界支配への野望
共同謀議の罪を摘發
極東國際軍事裁判所 第一號
起訴狀
第一類 平和に對する罪

図12　『毎日新聞』1946年４月30日付　国立国会図書館所蔵

訴因五三

（戦争法規違反のための共同謀議）

訴因五四

（戦争法規違反の命令・授権・許可）

訴因五五

（戦争法規遵守の義務の無視）

他の訴因と重複するといった理由から、判決で最終的に判定外とされる訴因も出るが（詳しくは後述）、これだけ多くの項目を設けて、日本側を追及しようとしていたのである。

起訴状の公表は当時の社会からも強い関心が寄せられていた。一九四六年四月三〇日付の『毎日新聞』は、「第

1	2	3	4	5	6	7	8	9	10	11	12	13	14	15	16	17	18	19	20	21	22	23	24	25	26	27	28
荒木貞夫	板垣征四郎	梅津美治郎	大川周明	大島浩	岡敬純	賀屋興宣	木戸幸一	木村兵太郎	小磯国昭	佐藤賢了	重光葵	嶋田繁太郎	白鳥敏夫	鈴木貞一	土肥原賢二	東郷茂徳	東条英機	永野修身	橋本欣五郎	畑俊六	平沼騏一郎	広田弘毅	星野直樹	松井石根	松岡洋右	南次郎	武藤章
●	●	●	●	●	●	●	●	●	●	●	●	●	●	●	●	●	●	●	●	●	●	●	●	●	●	●	●
●	●	●	●	●	●	●	●	●	●	●	●	●	●	●	●	●	●	●	●	●	●	●	●	●	●	●	●
●	●	●	●	●	●	●	●	●	●	●	●	●	●	●	●	●	●	●	●	●	●	●	●	●	●	●	●
●	●	●	●	●	●	●	●	●	●	●	●	●	●	●	●	●	●	●	●	●	●	●	●	●	●	●	●
●	●	●	●	●	●	●	●	●	●	●	●	●	●	●	●	●	●	●	●	●	●	●	●	●	●	●	●
●	●	●	●	●	●	●	●	●	●	●	●	●	●	●	●	●	●	●	●	●	●	●	●	●	●	●	●
●	●	●	●	●	●	●	●	●	●	●	●	●	●	●	●	●	●	●	●	●	●	●	●	●	●	●	●
●	●	●	●	●	●	●	●	●	●	●	●	●	●	●	●	●	●	●	●	●	●	●	●	●	●	●	●
●	●	●	●	●	●	●	●	●	●	●	●	●	●	●	●	●	●	●	●	●	●	●	●	●	●	●	●
●	●	●	●	●	●	●	●	●	●	●	●	●	●	●	●	●	●	●	●	●	●	●	●	●	●	●	●
●	●	●	●	●	●	●	●	●	●	●	●	●	●	●	●	●	●	●	●	●	●	●	●	●	●	●	●
●	●	●	●	●	●	●	●	●	●	●	●	●	●	●	●	●	●	●	●	●	●	●	●	●	●	●	●
●	●	●	●	●	●	●	●	●	●	●	●	●	●	●	●	●	●	●	●	●	●	●	●	●	●	●	●
●	●	●	●	●	●	●	●	●	●	●	●	●	●	●	●	●	●	●	●	●	●	●	●	●	●	●	●
●	●	●	●	●	●	●	●	●	●	●	●	●	●	●	●	●	●	●	●	●	●	●	●	●	●	●	●
●	●	●	●	●	●	●	●	●	●	●	●	●	●	●	●	●	●	●	●	●	●	●	●	●	●	●	●
●	●	●	●	●	●	●	●	●	●	●	●	●	●	●	●	●	●	●	●	●	●	●	●	●	●	●	●
●	●	●	●						●		●				●		●		●		●					●	
●	●	●				●	●							●	●		●		●	●	●	●	●	●			●
				●	●	●	●	●		●		●		●	●	●	●	●			●	●	●				●
				●	●	●	●	●		●		●		●	●	●	●	●			●	●	●				●
				●	●	●	●	●		●		●		●	●	●	●	●			●	●	●				●
●	●						●				●				●		●	●			●	●	●		●		●
				●	●	●	●	●		●		●		●	●	●	●	●			●	●	●				●
●	●						●				●			●	●	●				●	●	●	●	●	●		
●	●	●					●		●					●	●	●	●			●	●			●	●		●
●	●	●	●	●	●	●	●	●	●	●	●	●	●	●	●	●	●	●	●	●	●	●	●	●	●	●	●
●	●	●	●	●	●	●	●	●	●	●	●	●	●	●	●	●	●	●	●	●	●	●	●	●	●	●	●

表4　訴　因　一　覧

訴因 ＼ 被告名	
第一類　平和に対する罪	
侵略戦争の共同謀議	
1	1928～45年における侵略戦争の共同謀議
2	満州に対する侵略戦争の共同謀議
3	中華民国に対する侵略戦争の共同謀議
4	太平洋諸国に対する侵略戦争の共同謀議
5	世界支配のための独伊との共同謀議
侵略戦争の計画準備	
6	中華民国に対する侵略戦争の計画準備
7	アメリカに対する侵略戦争の計画準備
8	イギリスに対する侵略戦争の計画準備
9	オーストラリアに対する侵略戦争の計画準備
10	ニュージーランドに対する侵略戦争の計画準備
11	カナダに対する侵略戦争の計画準備
12	インドに対する侵略戦争の計画準備
13	フィリピンに対する侵略戦争の計画準備
14	オランダに対する侵略戦争の計画準備
15	フランスに対する侵略戦争の計画準備
16	タイに対する侵略戦争の計画準備
17	ソビエト連邦に対する侵略戦争の計画準備
侵略戦争の開始	
18	中華民国に対する侵略戦争の開始（満州事変）
19	中華民国に対する侵略戦争の開始（支那事変）
20	アメリカに対する侵略戦争の開始
21	フィリピンに対する侵略戦争の開始
22	イギリスに対する侵略戦争の開始
23	フランスに対する侵略戦争の開始（北部仏印進駐）
24	タイに対する侵略戦争の開始
25	ソビエト連邦に対する侵略戦争の開始（張鼓峰事件）
26	蒙古人民共和国及びソビエト連邦に対する侵略戦争の開始（ノモンハン事件）
侵略戦争の遂行	
27	満州事変以後の侵略戦争の遂行
28	支那事変以後の侵略戦争の遂行

1 荒木貞夫	2 板垣征四郎	3 梅津美治郎	4 大川周明	5 大島　浩	6 岡　敬純	7 賀屋興宣	8 木戸幸一	9 木村兵太郎	10 小磯国昭	11 佐藤賢了	12 重光　葵	13 嶋田繁太郎	14 白鳥敏夫	15 鈴木貞一	16 土肥原賢二	17 東郷茂徳	18 東条英機	19 永野修身	20 橋本欣五郎	21 畑　俊六	22 平沼騏一郎	23 広田弘毅	24 星野直樹	25 松井石根	26 松岡洋右	27 南　次郎	28 武藤　章
●	●	●	●	●	●	●	●	●	●	●	●	●	●	●	●	●	●	●	●	●	●	●	●	●	●	●	●
●	●	●	●	●	●	●	●	●	●	●	●	●	●	●	●	●	●	●	●	●	●	●	●	●	●	●	●
●	●	●	●	●	●	●	●	●	●	●	●	●	●	●	●	●	●	●	●	●	●	●	●	●	●	●	●
●	●	●	●	●	●	●	●	●	●	●	●	●	●	●	●	●	●	●	●	●	●	●	●	●	●	●	●
●	●						●				●				●		●	●			●	●	●		●		●
●	●	●	●	●	●	●	●	●	●	●	●	●	●	●	●	●	●	●	●	●	●	●	●	●	●	●	●
●	●						●				●			●	●	●				●	●	●	●	●	●		
●	●	●					●		●					●	●	●	●			●	●			●	●		●
				●	●	●	●	●		●		●		●	●	●	●	●			●	●	●				●
				●	●	●	●	●		●		●		●	●	●	●	●			●	●	●		●		●
				●	●	●	●	●		●		●		●	●	●	●	●			●	●	●		●		●
				●	●	●	●	●		●		●		●	●	●	●	●			●	●	●		●		●
				●	●	●	●	●		●		●		●	●	●	●	●			●	●	●		●		●
				●	●	●	●	●		●		●		●	●	●	●	●			●	●	●		●		●
				●	●	●	●	●		●		●		●	●	●	●	●			●	●	●		●		●
●	●	●	●	●	●	●	●	●	●	●	●	●	●	●	●	●	●	●	●	●	●	●	●	●	●	●	●
●	●	●				●	●							●					●	●	●	●		●			●
●	●	●				●	●							●					●	●	●	●		●			●
●	●	●				●	●							●					●	●	●	●		●			●
		●					●		●	●	●						●			●							
		●					●		●	●	●						●			●							
		●					●		●	●	●						●			●							
●	●	●					●		●					●	●	●	●			●	●			●	●		●
●	●						●				●			●	●		●			●	●	●	●	●	●		
●	●	●		●	●	●	●	●	●	●	●	●		●	●	●	●	●	●	●	●	●	●	●	●	●	●
●	●	●		●	●	●	●	●	●	●	●	●		●	●	●	●	●	●	●	●	●	●	●	●	●	●
●	●	●		●	●	●	●	●	●	●	●	●		●	●	●	●	●	●	●	●	●	●	●	●	●	●
41	41	39	26	39	39	43	54	39	35	42	37	39	25	49	49	44	50	41	33	41	52	48	45	38	42	29	48

訴因	被告名
29	アメリカに対する侵略戦争の遂行
30	フィリピンに対する侵略戦争の遂行
31	イギリスに対する侵略戦争の遂行
32	オランダに対する侵略戦争の遂行
33	フランスに対する侵略戦争の遂行
34	タイに対する侵略戦争の遂行
35	ソビエト連邦に対する侵略戦争の遂行（張鼓峰事件）
36	蒙古人民共和国及びソビエト連邦に対する侵略戦争の遂行（ノモンハン事件）
第二類　殺　　人	
宣戦布告前攻撃の殺人	
37	1940・6・1～1941・12・8における殺人罪及び殺人の共同謀議
38	不法戦争の開始による殺人の共同謀議
39	真珠湾不法攻撃による米国軍隊と一般人の殺害
40	コタバル不法攻撃による英国軍隊の殺害
41	香港不法攻撃による英国軍隊の殺害
42	上海（ペトレル号）不法攻撃による英国軍人の殺害
43	ダバオ不法攻撃による米比軍隊及び一般人の殺害
俘虜・一般人および軍隊の殺害	
44	占領地における大量虐殺の共同謀議
45	南京における大量虐殺
46	広東における大量虐殺
47	漢口における大量虐殺
48	長沙における大量虐殺
49	衡陽における大量虐殺
50	桂林，柳州における大量虐殺
51	ノモンハンにおける殺害
52	張鼓峰における殺害
第三類　通例の戦争犯罪および人道に対する罪	
53	戦争法規違反のための共同謀議
54	戦争法規違反の命令・授権・許可
55	戦争法規遵守の義務の無視
	訴因数合計

（出典）東京裁判ハンドブック編集委員会編『東京裁判ハンドブック』青木書店，1989年の「訴因一覧」を組み換え

一級戦犯人（二八名）へ起訴状」という大きな見出しをつけて起訴状の内容を紹介している。記事の見出しや本文には、センセーショナルな文言がずらりと並んだ。「満州侵略に始まる世界支配への野望」、「蹂躙《じゅうりん》せる国際条約」、「残虐と背徳の工作」、「故《ゆえ》なく俘虜を虐殺」——。「大東亜戦争は聖戦」と信じ込まされてきた多くの人びとにとって、起訴状は、日本の政治史の暗部を暴露する、衝撃的な内容に映ったに違いない（毎日新聞政治部編集、内海愛子・永井均監修・解説『新聞史料にみる東京裁判・BC級裁判』第一巻）。

ここで、複雑な法概念や、審理を見てゆく上で必要になる基礎的な事実関係について、三つだけ補足しておきたい。

「共同謀議」・「殺人」

一つは、「共同謀議」とは何か、ということである。共同謀議（conspiracy）とは、「違法な行為、あるいはそれ自体は適法な行為を、違法なやり方で行おうという二人以上の者の合意」と定義される。これは、英米法独特の法理論で、二人以上の違法な合意（計画を実行に移すことの合意）だけで犯罪が成立するという、追及の一つの核となった考え方だった。合意が、明示的であったかどうかは特に問題とならず、ある会合に出席した事実や、間接的状況からの推定でも証明できるものとされた（以上、「起訴状」前掲『東京裁判ハンドブック』）。

しかし、この法概念は、日本の複雑な戦争指導の過程を説明するには、相当な無理があった。内海愛子が指摘しているように、日本の戦争指導は、国務と統帥の分立、そして陸海軍の対立抗争などがあり、「共同謀議」などやりたくてもやれなかったというのが実情だった。

当時の日本の戦争指導は、政治（国務）の最高輔弼《ほひつ》者である内閣総理大臣と、統帥（用兵作戦）の最高輔翼《ほよく》者である軍令部総長と参謀総長が鼎立《ていりつ》して行われていた。しかし、国務と統帥を統括する機関はなく、極論すれば誰が戦争指導の責任者なのかが判然としない体制だった。陸海軍の対立も激しく、一部の例外を除いて、それぞれが別個に戦争を遂行していたのである（以上、内海愛子『スガモプリズン』）。日本の戦争指導の実態とは乖離《かいり》した概念が適用されたことは、被告人が裁判への反発や嫌悪感を持つ一因となった。

二つ目は、「殺人」である。これは宣戦布告前の攻撃、主に真珠湾攻撃を念頭に置いて設けられたものである。元々、裁判所憲章には記載されていない概念だったが、マッカーサーの強い意向もあって、起訴状作成の段階で新たに導入された。宣戦布告なき真珠湾攻撃は、殺人にも等しい、という考えである（前掲『東京裁判』）。しかし、「殺人」に入っている訴因は、他の訴因と重複しているものや、裁判所の管轄外のものが含まれているとして、判決では判定外とされている。

「事後法」問題と「通例の戦争犯罪」の重視

第三は、被告人への量刑では、「通例の戦争犯罪」が重視されたということである。裁判で適用された「平和に対する罪」は、侵略戦争の開始や「共同謀議」などに関わった者の責任を問う、という重要な内容を含み、検察側も重視していた。「平和に対する罪」を形づくる二つの観念、すなわち、戦争違法観（一般に戦争と呼ばれる現象が、国際法の対象となり、原則的には否定的な評価を受けるという考え方）と、指導者責任観（ある国家の行動が、否定的な評価を受けなければならなくなった際、その行動の責任を国家指導者に負わせ、不利益［刑罰など］を課すという考え方）は、第一次世界大戦後から第二次世界大戦までの戦間期に登場している。第一次世界大戦後にドイツ皇帝ヴィルヘルム二世の責任を追及する構想があったことや、不戦条約（一九二八年）が成立していたことなどがその具体例である。

しかし、戦間期に指導者責任観は充分には発展せず、「平和に対する罪」（指導者責任観と戦争違法観の結合）が、提示されたのも一九四五年八月の国際軍事裁判所憲章（ニュルンベルク憲章）においてであった。つまり「平和に対する罪」は、いわゆる「事後法」（当時存在していなかった法によって、過去のできごとを裁く）との批判を招く危険性があったのである（以上、「平和に対する罪」とその形成については、大沼保昭『戦争責任論序説』）。

こうした背景もあり、判事団では、「通例の戦争犯罪」以外の「事後法」によって極刑者を出すと「後世の批判をまぬかれない」ので、「死刑にするには何とか残虐行為に結びつけなければならないとの一般方針」をもって、裁判に臨むことになったのである（「大島浩氏よりの聴取書（第一回）」一九五九年一月二六日『聴取書綴』国立公文書館）。オランダ代表判事だったB・V・A・レーリンクも、「平和に対する罪」は「いまだ熟さない段階にある犯罪の概念だったと考えるしかない」との所感をのちに吐露している（B・V・A・レーリンク、A・カッセーゼ編／序、小菅信子訳『東京裁判とその後』）。

こうして審理では、捕虜虐待などの「通例の戦争犯罪」が重要な位置を占めることになった。なお、通例の戦争犯罪は、第三類「通例の戦争犯罪及び人道に対する罪」として追及されているが、日本の東京裁判では「人道に対する罪」は問題とされなかった。事実上、第三類では、通例の戦争犯罪のみが対象となったのである。

裁判の開廷と検察側立証

一九四六年五月三日、二年半にも及ぶことになる東京裁判が開廷した。審理は、ウィリアム・ウェッブ裁判長（オーストラリア代表）の開廷宣言から始められている。いわく、被告人のそれまでの地位には関係なく、

図13　ウェッブ
朝日新聞社提供

「最も貧しき一日本兵卒、あるいは一朝鮮人番兵などが受ける待遇よりも、より良い待遇を受けしめる理由となりませぬ」と（『速記録』第一巻）。

開廷宣言に続いて、前述の起訴状が読み上げられてゆく。起訴状が長文であったため、朗読は翌日の四日までかけて行われている。この後、被告人の罪状認否や基礎資料となるポツダム宣言などの資料が提出され、六月四日から検察側立証段階が始まった。

一九二八年から一九四五年までの日本の侵略戦争の責任を問う――、しかも前にもみたように訴因は五五にも及んでいる。検察側は、これら多岐にわたる論点を以下のような「段階」に区分して追及を行った。

○検察側立証段階

キーナン首席検察官による冒頭陳述（一九四六年六月四日〜）

第　一　部　一般段階（一九四六年六月一三日〜）

第二部　満州事変段階（一九四六年七月一日〜）
第三部　日中戦争段階（一九四六年八月六日〜）
第四部　独伊との共同謀議段階（一九四六年九月一九日〜）
第五部　仏印に対する侵略段階（一九四六年九月三〇日〜）
第六部　対ソ侵略段階（一九四六年一〇月八日〜）
第七部　日本による一般的戦争準備段階（一九四六年一〇月二一日〜）
第八部　太平洋戦争段階（一九四六年一一月四日〜）
第九部　戦争法規違反、残虐行為段階（一九四六年一二月一〇日〜）
第一〇部　個人追加証拠提出段階（一九四七年一月一七日〜）
検察側立証段階の終了（一九四七年一月二四日）

検察側の「歴史認識」と追及方針

検察側は、日本の戦争をどうみていたのか。検察側の認識は、キーナン首席検察官によって行われた冒頭陳述によく示されている。重要部分を引用してみよう。

裁判長閣下、これは普通一般の裁判ではありません。なぜならば我々は現にここで全世界を破滅から救うために文明の断固たる闘争の一部を開始しているからでありま

す。〔中略〕

彼等〔被告人〕は文明に対し宣戦を布告しました。〔中略〕彼等は民主主義とその本質的基礎、すなわち人格の自由と尊重を破壊せんと決意しました。彼等は人民による人民のための人民の政治は、根絶さるべきで彼等のいわゆる「新秩序」が確立さるべきだと決意しました。そして、この目的のために彼等は「ヒトラー」一派と手を握りました。〔中略〕共に彼等〔日独〕は、起訴状に列挙されている偉大なる民主主義諸国に対し、侵略的戦争を計画し、準備し、かつ開始したのでした。

（『速記録』第一巻。傍線は引用者）

「文明に対し宣戦を布告」。日本はいわば「文明への挑戦者」との位置づけであった。日本は、民主主義を破壊し、自分たちの新しい秩序を作り出そうとした。そのために、ドイツと共謀して、民主主義国家に対する侵略戦争を計画・準備した。これが検察側の「歴史認識」だった。前述の検察側立証の構成は、こうした認識に基づいて設定されたと考えることができる。満州事変（第一部）から対米英蘭開戦（第八部）に至るまでの過程で、日本がいかにして、民主主義諸国への侵略戦争を準備・計画していったのか。検察側の最大の立証ポイントはここにあった。満州事変、南洋委任統治領の軍事化、真珠湾攻撃など、検察側の尋問で問題となっていたこれらの事件は、こうした一連の侵略戦争の計画・遂行の一環であったと位置づけられ、追及が行われることになった。また、キーナンによれば、被告人への追及は、将来の「侵略的好戦的活動」を制止する効果をもつと考えられていた(同前)。

追及方針にはらまれた問題

だが、検察側の立証には、重大な問題があった。すなわち、一九四一年一二月の対米開戦までの道のりを描く、という線で全体の立証が進められたため、一九三〇年代の満州事変や日中戦争は、あくまでもその「前史」としての位置づけしか与えられなくなってしまうという問題が生じたのである。事実、第七部「日本による一般的戦争準備段階」の審理(一九四六年一一月一日)の中で検察側は、次のように陳述していたのである。

日本の中国における侵略は「東亜新秩序」と相俟《あいま》って、遂に米英両国政府をして、それが政治的には太平洋地域を支配し、経済的には他国の権益を排除して、日本の利益のために中国を搾取し、而《しこう》して社会的には個人の自由を破壊し、かつ被征服国民を劣等の地位に転落せしめんとする日本の計画の一部を成すものなり、との見解を懐かしむるに至れり。

〔中略〕

しかもなお、米英政府は脅威を加えず、好戦的態度をとらず、もっぱら平和的解決に努力せり。

（『速記録』第二巻。傍線は引用者）

日本の中国侵略は、米英の政府に、太平洋の支配や他国への権益侵害などを見越した、日本の計画の一部であると認識されるようになった。そして米英は、そうした日本の動きを受けて、平和的解決を試みた。以上のように検察側は述べている。中国侵略を経て、日本がいかにアメリカ、イギリスと対立を深めていったのかが、ここでの主な論点である。

東京裁判の審理では、満州事変や日中戦争に関する証拠・証言が提出されても、それはあくまでも「対米開戦の前史」として扱われる、という問題が付きまとうことになる。この点は、のちの検察側による最終論告でさらに顕著になるので、記憶にとどめておいて欲しい。

検察側の立証と日本軍の残虐行為

裁かれた残虐行為

日本軍による残虐行為（「通例の戦争犯罪」）は、どのように追及されたのだろうか。検察側立証段階では、残虐行為に関する追及が三つの地域に分けて行われている。すなわち、中国、フィリピン、フィリピンを除いた東南アジア、の三つの地域である。ここでは、「東京裁判と『通例の戦争犯罪』」をテーマとした最近の研究成果にも依拠しつつ、検察側の追及方針を確認しておこう（以下、「通例の戦争犯罪」の審理については、前掲『東京裁判—性暴力関係資料』、前掲『東京裁判—捕虜関係資料』全三巻、前掲「序列化された戦争被害」）。

中国における残虐行為

中国関係の証拠は、「満州事変」、「日中戦争」、「戦争法規違反、残虐行為」、個人追加証拠提出の各段階で提出されている。

ここでの最大の特徴は、検察側が、民間人の被害を中心に立証しようと試みたことである。こうした方針は、中国代表の向検察官が行った陳述によく示されている。向は以下のように陳述している。これから自分が陳述する内容は、中国の一般人に対する多くの残虐行為、人道に対する罪の一部である。一般人への加害行為は、殺人、拷問、「凌辱」、財産の不法な破壊などを含むものであったことが、証拠によって明らかになるであろう。以上のように述べている。さらに、大規模な戦争犯罪であった南京事件（一九三七年一二月）については、中国の民衆のあらゆる抗戦意識を永久に滅却しようと企図したもの、との見方が示された。

提出証拠も、民間人への残虐行為に関する証拠が中心となった。内訳をみると、江蘇省や湖北省など全部で一四の地域で行われた戦争犯罪に関する証拠が出されているが、南京事件に関するものが最も多い。

続々と提出される証拠や証言は、法廷に衝撃を与えるものだった。南京事件に関する審理を傍聴していた元海軍少佐の冨士信夫は、こう回想する。「イヤホーンを通じて、次々と耳の奥底に響いてくる『これでもか、これでもか』というような、各種証人の、ここに記述するのを憚《はばか》るような内容を含む証言は、正にこの世ながらの地獄絵図の感があり、終わりには、イヤホーンを外してしまいたい気持になった」（前掲『私の見た東京裁判』上。振り仮名は原文）。

なお、中国関係の証拠のなかには、近年注目されている日本軍による性暴力についてふれたものも含まれている。たとえば、桂林での事例を扱った証拠には、日本軍が桂林を侵略した際、「工場の設立を宣伝し、四方より女工を招致し、麗澤門外に連れ行き、脅迫して妓女として獣の如き軍隊の淫楽に供した」との記載がある（検察側証拠三三〇、前掲『東京裁判―性暴力関係資料』）。

しかし、性暴力の問題が、個別に扱われることはほとんどなく、放火や殺人といった他の犯罪と一緒くたにされていることが多い。性暴力の問題を正面から追及するという意識の欠如、ひいてはジェンダー視点の弱さが示唆される内容だった。

フィリピンにおける残虐行為

フィリピン関係は、「戦争法規違反、残虐行為」段階で追及されている。追及を担当したのは、ペドロ・ロペス検察官である。一九四六年一二月一〇日、フィリピンでの残虐行為をどのように追及するのか、ロペスがその方針を冒頭陳述で述べている。いわく、日本軍の残虐行為は、偶発的なものではない。日中戦争以来、戦争犯罪がアジア全域で繰り広げられてきた、と。

審理では、マニラでの残虐行為や「バタアン死の行進」など、民間人に対する犯罪と捕虜虐待の問題とが取り上げられている。なお、フィリピンの追及でも、性暴力に言及した証拠が提出されているが、中国のケースと同じく、他の犯罪と一緒くたに扱われていることがほとんどである。

東南アジアにおける残虐行為

一二月一六日、法廷は、他の東南アジアでの戦争犯罪に関する審理に進んだ。ここでは、A・J・マンスフィールド検察官（オーストラリア代表）がその立証方針を説明している。

マンスフィールドは、残虐行為に関する証拠を五つのカテゴリーに分類して説明した。以下、五つのカテゴリーと、言及されている事件の概要を（　）内に示しておこう。

①国際条約に関し、日本のとった保証の証拠

（一九四二年、東郷茂徳外相によるジュネーヴ条約「準用」回答）

②日本軍により行われた残虐行為の証拠

（捕虜虐待が中心。他にはシンガポールでの華僑虐殺など）

③日本政府に対して行われた抗議およびその回答の証拠
（アメリカ、イギリス、オランダから送付された、捕虜や民間人抑留者の虐待に対する抗議文書）
④一九四五年九月三日以降、日本政府の行った捕虜の待遇に関する公式報告
（俘虜関係調査中央委員会〔一九四五年九月に設けられた日本の戦争犯罪調査機関〕）
⑤戦争法規違反に対する被告人たちの責任を示す、被告人およびその部下の行為の証拠
（主に捕虜虐待。他には民間人抑留者虐待の問題）

以上の五つである。唯一、「捕虜」が個別の戦争犯罪として項目名に反映されている点が注目される。また、内容構成から、連合国捕虜虐待の責任が重点的に追及されたことがわかる。

マンスフィールドは、追及方針をこう説明している。これらの地域における残虐行為は類似している。したがって、虐待は日本軍の指揮官と兵による独立の行為ではなく、日本軍と日本政府の「一般方針」の結果であったという結論が得られるであろう、以上のように陳述している。これは、かつてコミンズ・カー検察官が述べた追及方針と同じである。カーの戦争犯罪追及方針が、審理で実際に実行されていったことがわかる。

なお、⑤の項目は、残虐行為に関する被告人の責任について言及しているが、ここで挙げられている事件は主に捕虜虐待である。日本政府に送られた諸外国からの抗議文書も紹介されているが、送信元はアメリカ、イギリス、オーストラリア、カナダ、ニュージーランドである。ここにアジアの人びとに関連する記述はない。残虐行為について、被告人は主に「白人」捕虜虐待の責任を追及されたということになる。

検察側の立証と残虐行為

残虐行為に関する審理をみてゆく上で最も重要なことは、検察側の戦争犯罪の追及は、中国、フィリピンのように検察官を送り込んだ地域については、現地の住民の被害も対象としていたが、それ以外の東南アジア地域については、もっぱら欧米諸国の被害、なかでも捕虜問題を重視していた、ということである。著者の計算では、検察側が審理で提出した証拠の総数は約二六〇〇件あるが、このうち捕虜問題に関するものは約六八〇件、全体の約二六％を占める。しかも、これは「通例の戦争犯罪」だけでなく、「平和に対する罪」も含めての数値である。一つの戦争犯罪が占めた割合としては、驚異的な数値である。

審理全体で「通例の戦争犯罪」に関する証拠が何通出されているのか、正確な数値はまだ算出されていないが、冨士信夫によれば、検察側立証段階で検察側が提出した「戦争法規違反」に関する証拠は、一〇三五通とのことである（前掲『私の見た東京裁判』上）。検察側は、弁護側の反証以降も散発的な証拠提出を続けているので、今後これらも含めた計算が必要だが、仮にこの一〇三五通という数値を基に計算すると、捕虜問題が「通例の戦争犯罪」の追及に占めた割合は、約六六％ということになる。いずれにせよ、かなりの高い数値になるものと思われる。連合国捕虜虐待の問題を徹底的に追及する、という連合国側の方針は、裁判の審理に決定的な影響を与えていたのである。

なお、捕虜関係の証拠の多くは「白人」捕虜に関するものである。植民地兵などアジア人捕虜を扱った証拠はごくわずかだった。民間人抑留者に関する証拠も、オランダ人、アメリカ人など、その多くは「白人」に関するものである。B・V・A・レーリンク（オランダ代表判事）は、東京裁判がアジア人に対する残虐行為よりも、「白人」に対する残虐行為の方に多くの関心を払っていた、とのちに回想しているが、そうした傾向は審理内容に顕著に現われていたのである（B・レーリンク「いまこそ裁判の成果の実現を」『中央公論』中央公論社、一九八三年八月号）。

弁護側の反証

膨大な検察側の証拠・証言を前に、弁護側はどのような反証を行ったのだろうか。検察側の「通例の戦争犯罪」の立証がひと段落し、個人別の追加証拠の提出が終わると、弁護側の反証が開始された。弁護側反証段階の開始は、一九四七年二月二四日であった。弁護側反証段階は、以下のような構成で進められた。

弁護側反証段階の開始

○弁護側反証段階
清瀬一郎弁護人による冒頭陳述（一九四七年二月二四日～）
第一部　一般段階（一九四七年二月二五日～）

第二部　満州事変段階（一九四七年三月一八日〜）
第三部　日中戦争段階（一九四七年四月二二日〜）
第四部　ソ連段階（一九四七年五月一六日〜）
第五部　太平洋戦争段階（一九四七年六月一二日〜）
個人弁論段階（一九四七年九月一〇日〜）
弁護側反証段階の終了（一九四八年一月一二日）

弁護側反証は、検察側立証の構成に、ほぼそのまま対応した区分が採られている。「通例の戦争犯罪」に関する項目が見当たらないが、第五部（太平洋戦争段階）のなかに、「俘虜および被抑留者の待遇」という小項目が設けられ、そこで残虐行為に関する反証が行われることになった。

弁護側の「歴史認識」

弁護側は日本の戦争をどのように正当化しようとしたのか。清瀬の行った冒頭陳述が弁護の基本方針を示している。清瀬はこう述べる。

検察側は、日本が共同謀議を実行したとしているが、それは「八紘一宇《はっこういちう》」（世界を一つの家にしてゆくこと）という語を誤解したことが原因である。三国同盟を結んだ時も、独伊と共同して世界を征服するなどという考えはなかった。「満州国」は現地の人びとの自発的な運動に基づいて建国されたものである。盧溝橋事件以降、中国側の挑戦がやまず、日本はやむを得ず自衛のために武力を行使した。また、ソ連との間で生じたノモンハン事件は、いわゆる侵略戦争の型に入るものではない。

一九三四年七月、一九一一年以来続いていた日米通商航海条約は突如として破棄されたが、これを境に日米の誤解は増大していった。これ以来、アメリカは日本に対する圧迫と威嚇を加えて来た。その第一は経済的な圧迫、第二は日本が戦っていた蔣介石《しょうかいせき》への援助、そして第三は、米英蘭が中国と提携して、日本の周辺に「包囲的体形」をとることだった。一九四一年八月一日、アメリカは日本への石油輸出の禁止に踏み切った。一言でいえば、自衛権成立の基礎的事実はこの時期に十分完備したのである（『速記録』第四巻）。

これは、典型的かつ全面的な自衛戦争論だった。検察側が、日本の戦争を一貫した侵略戦争だととらえたのに対し、弁護側は戦争全体を自衛戦争だとして正当化したのである。

すでに確認した通り、清瀬による弁護側の冒頭陳述は被告人から離反者が出ている。したがって、冒頭陳述は、すべての被告人の戦争観や歴史認識を代弁するものではない。だが、陸軍を中心とする多くの被告人の承認を得ていたことも事実である。かねてから全面的な自衛戦争論や「大東亜戦争肯定論」を唱えていた陸軍の被告人や東郷茂徳などの被告人にとっては、清瀬の陳述は自らの戦争観とよく一致するものであった。こうして、検察側と弁護側の戦争をめぐる解釈は真っ向から対立することになったのである。

なお、念のために付け加えておくが、満州事変以来の日本の戦争を、自衛戦争として正当化することはできない。満州事変は、関東軍による陰謀であったことがはっきりしているし、真珠湾攻撃もマレー半島攻撃も他国領域への無警告先制攻撃である。清瀬が強調している、いわゆるＡＢＣＤ包囲陣も、日本の中国侵略を阻止するという意義をもっており、日本側の自衛権行使の根拠となるようなものではなかったのである（大沼保昭『国際法』）。

困難を極めた残虐行為に関する弁明

弁護側にとって最も頭が痛い問題は、残虐行為に関する弁明であった。千件を超える検察側の証拠・証言によって、日本軍の残虐行為の存在そのものは覆しようのない状況だったからである。この点に関して、いくつか史料をみておこう。

まずは、一九四六年九月一〇日付で陸軍側が作成した裁判対策文書、「俘虜取扱に関する中央処置の大綱」である。この文書は、捕虜問題への弁明に備えて、日本の捕虜管理に関する基礎的な情報をまとめたものである。史料冒頭の「概説」の部分をみると、対策が早くも暗礁に乗り上げていたことを窺わせる記述に出会う。文書にはこう記されている。

今次戦争の規模は、我《わ》国力《が》に耐え得ないところまで進展したので、物的に、人的に窮乏を招いたことと、俘虜に関する教育の不十分とし〔中略〕、国民の敵愾心《てきがいしん》等とに起因し、俘虜の取扱が完全無欠とは言い得ないで、事象的には虐待のようになったかもしれないが、これは何ら計画的に行ったのではないと認めえる。

（『極東国際軍事裁判弁護関係資料』二二九、国立公文書館）

日本軍の捕虜に関する教育が不充分であったことなど、捕虜の取扱が「完全無欠」ではなかったことを認めている。この結果、弁明は「捕虜虐待のようになってしまったかもしれないが、それは、日本が意図的に計画して行ったものではない」という、実に消極的な内容に落ち着いている。これは、犯罪の事実を否定できる弁明ではないので明らかに説得力に欠けていた。

このような事態は、捕虜虐待に限ったものではなかった。南京事件の責任を問われた松井石根（元中支那方面軍司令官）の弁護人を担当した伊藤清は、のちにこう回想している。

南京暴虐事件については、これは真相は別とし、残虐行為に対する検察側の証拠は圧倒的であり、当時から世界中にあまりにも悪評高かった事件でもあり、松井被告には少々気の毒とは思ったが、事実そのものについての認否の争いは一応に止め、方面軍司令官としてこのような不法行為の防止に出来るだけの努力を払ったこと、および、方面軍司令官としては、さらにその部下に直接的責任の地位にあった、軍司令官や師団長がおるのであり、南京から遠く離れた蘇州に駐在した方面軍司令官たる松井被告に刑事責任（政治的責任は別とし）まで負わせるべきではない、との方針で弁護した。

（「伊藤清氏からの聴取書」一九六三年八月二日、前掲『東京裁判（弁護人）』）

これも、「検察側の証拠は圧倒的」という前提にたった弁明であり、何らかの残虐行為が生じていたということを、否定できる弁明ではなかった。

苦しい弁明

実際に、法廷で行われた弁明も実に苦しいものだった。残虐行為に関する弁護側の主張は、次のようなものになった（前掲「序列化された戦争被害」）。

①日本はジュネーヴ条約に批准していなかったが、事情の許す限り「準用」していた。
②ジュネーヴ条約を「準用」できなかった点があるとすれば、それは連合国側の潜水艦戦や爆撃によって日本側の船舶が撃沈され、輸送路が途絶されたためであった。
③日本側は捕虜収容所の衛生・医療設備の改善や、虐待事件の実行者に対する懲戒処罰を行っていた。
④食糧品・医療品の不足は、日本人も同じであった。

⑤俘虜情報局（入院、死亡など、捕虜の状況を調査して、赤十字国際委員会などを通して捕虜の出身国に情報を伝達する機関）が設置され、捕虜取扱いの円滑化が図られていた。

一言でいえば、「日本側はできる限りのことはした」と強弁する弁明だった。当然だが、この弁明では、残虐行為の存在を否定したり、日本側を免罪したりすることはできない。弁明の説得力のなさは、日本側の関係者の目にも明らかだった。冨士信夫はこう回想する。

圧倒的多数の検察側証拠によって立証されたものは、日本軍人によって行われた俘虜及び一般人の虐待・殺害等の事実であった。

虐待・殺害等が行われた事実は、一部地区のものを除いて、否定し去る事はできない。従って、弁護側の主張及び立証は、勢い、消極的にならざるを得なかった。

（『私の見た東京裁判』上）

日本軍の戦争犯罪は、弁明をほとんど不可能にするほど、凄まじいものだった。連合国側の主張と真っ向から対立した清瀬の冒頭陳述も、検察側が日本軍の戦争犯罪を誇張したり、ねつ造したりしていると反論しながらも、一方では、「日本の一部の軍隊によって中国において行われたという残虐事件は、遺憾なことでありました」と述べざるを得なかったのである（『速記録』第四巻）。

審理と陸海軍

次に、陸軍と海軍の視点から、裁判の審理について考えてみたい。前の章で確認したような裁判対策は、実際の審理でどのように展開されたのか、そして、どのような追及が行われたのか。まずは陸軍関係の審理内容を確認しよう。

陸軍からみた審理

陸軍関係の被告人は、日本の侵略戦争の推進勢力として、検察側から厳しい追及を受けている。残虐行為関係でも、ドゥーリトル飛行隊処刑事件や「バタアン死の行進」など、アジア太平洋各地の事件について、その責任を問われた。尋問の際に検察側が重視した事件が、審理で実際に厳しく追及されたのである。

対する陸軍側が展開した弁明は、事前に策定されていたとおりの典型的な自衛戦争論、「大東亜戦争肯定論」だった。なかでも、一九四七年一二月三〇日に行われた、東条英機の弁論は際立っている。東条の主張は以下のようなものだった。

日本の大東亜政策は、第一次世界大戦後世界経済のブロック化に伴い、近隣相互間の経済提携の必要からこの政策が唱えられるに至ったのであります。その後東亜の赤化と中国の排日政策とにより支那事変は勃発しました。そこで日本は防共と経済提携とによって日華の国交を調整し、もって東亜の安定を回復せんと企図しました。〔中略〕

然《しか》るに日本に対する米英蘭の圧迫はますます加重せられ、日米交渉において局面打開不可能となり、日本はやむを得ず自存自衛のため、武力をもって包囲陣を脱出するに至りました。右武力行使の動機は、申す迄もなく日本の自存自衛にありました。一旦戦争が開始せられた以後においては、日本は従来採り来った大東亜政策の実現即ち東亜に共栄の新秩序を建設することを努めました。

大東亜政策の実現の方策としては、まず東亜の解放であり、次で各自由かつ独立なる基礎の上に立つ一家としての大東亜の建設であります。（『速記録』第八巻）

れも「出先で起こった事件の内容」を詳しく述べてはいるものの、海軍中央がこうした戦争犯罪に関与していたという事実を示すものではなかった。海軍中央の戦争犯罪への責任を追及するには、明らかに証拠が不足していたのである。海軍側の隠蔽工作の「効果」が、こうした証拠不足にも現れていたといえよう（前掲「東京裁判と日本海軍」）。

組織をあげて練り上げられた海軍の裁判対策は、法廷でどのように実行されたのだろうか。

海軍の弁明

まずは、日本の戦争の位置づけについて。海軍の被告人は、嶋田、岡敬純（元海軍省軍務局長・海軍次官）、永野の全員が、自衛戦争論を全面展開した清瀬の冒頭陳述に参加していた。だが、その後に海軍が法廷で実際に行った弁明は、清瀬や陸軍が行った自衛戦争論、「大東亜戦争肯定論」とは大きく異なるものだった。海軍の弁明では、満州事変以降の日本の戦争をまるごと正当化するような、むき出しの自衛戦争論は用いられていない。日中戦争に関する弁明でも、第一次上海事変など関係事件の基本的な経過や内容について述べてゆく、という弁明が続く（『速記録』第四巻、第五巻）。満州事変や日中戦争を、単純な自衛戦争論で正当化するような主張はみられなかった。自衛戦争論では、裁判を乗り切れないという認識と判断は、法廷での弁明に反映されていたのである。

また、法廷では折に触れて海軍の「穏健性」が強調された。海軍は日米開戦には消極的で、最後までアメリカとの外交交渉による戦争回避を望んでいた、日米交渉が成立した場合は、真珠湾攻撃に向かった機動部隊を日本に引き揚げさせるよう命令していた、海軍は国際法を尊重していた。こうした主張が繰り返されている（『速記録』第六巻、第七巻）。

一方、「通例の戦争犯罪」についても、策定されたプランに忠実に沿う形で弁明が行われている。海軍中央は、撃沈商船の生存者を殲滅する計画を立てたことはない、捕虜はすべて陸軍に引き渡す方針であり、海軍は一時的に捕虜を収容していたにすぎない。これが海軍の主張だった（『速記録』第六巻、第七巻）。海軍中央と現地の残虐行為を切り離し、責任の一部を陸軍に転嫁する――、この方針が法廷で貫徹されたのである。検察側の証拠不在もあり、こうした海軍の主張を覆すことはかなり難しかった。重大視されていた潜水艦事件の真相も、明るみに出ることはなかったのである（前掲「東京裁判と日本海軍」）。

海軍の弁明はどのように受け止められたのか

陸軍の審理との関係で重要なことは、海軍の「陸軍強硬―海軍穏健」という主張が、法廷で受け容れられていったということである。以下に引用するやりとりは、一九四七年一〇月二三日に行われた木戸幸一（元内大臣）の個人弁論の一部である。

○キーナン検察官……いずれにしろ、その当時〔日米交渉時〕海軍は、未だに平和を主張しておったのではありませんか。

○木戸……海軍の態度は、あまりはっきりしておりませんでしたが、首脳部は、大体この戦争はできるだけ避けたいという希望のように見えました。

○キーナン検察官……あなたは、あなたの宣誓口供書の中で、多数、そうして一々あげるには、あまり〔に〕数多くの陸海軍との関係を述べておりますが、これを簡単にとりまとめて言うならば、陸軍は戦争を主張しておる。海軍は平和を主張しておったというふうに、省略してよろしうございますか。

○木戸……海軍の態度は、先ほど申し上げたようなわけでありまして、多少はっきりしないところがありましたが、大体は今お話しのような状況でありました。

○キーナン検察官……その状況というものは、あなたが、あなたの宣誓口供書の一〇一項において、述べておるようなものであったのではありませんか。〔中略〕すなわち日独軍事同盟の問題が、討議された時分のことでありまして、陸軍は、当時非常にこれに強く賛成し、海軍は同じような程度に、強く反対しておったのではありませんか。

図14　木戸幸一
朝日新聞社提供

○木戸……少しく事情が違うところがあります。それは海軍の一部中堅と軍令部の方面は、戦争を必ずしも避けるという態度でなかったところもあるのであります。（『速記録』第七巻）

三国同盟の締結に陸軍は賛成し、海軍は反対した。日米開戦に陸軍は賛成し、海軍は反対した――、「陸軍強硬―海軍穏健」というキーナンの認識が、はっきりと浮かび上がるやりとりである。

検察側の尋問の段階で、多くの政治家、海軍軍人、外務官僚らが、そろって陸軍の戦争責任を強調しつつ応答していたことはよく知られている。尋問を通じて、彼らは日本について漠然とした予備知識しか持っていなかった検察側を「教育」して、陸軍が戦争の「主犯」であるという特定のイメージを植え付けようとしていたのである（前掲『昭和天皇の終戦史』）。

法廷で展開された陸軍の典型的な自衛戦争論や、「大東亜戦争肯定論」は、陸軍自身の手でこうした検察側の「歴史認識」を傍証する意味を持っていた。こうした状況のなかで、海軍の「陸軍強硬—海軍穏健」という弁明の基本線は、受け容れられやすく、かなりの程度定着していったのだと考えられる。そうした意味でも、極端な自衛戦争論や「大東亜戦争肯定論」を「封印」し、「海軍弁護」に傾倒したことは裁判対策上大きな意味を持ったといえよう。元海軍大佐で、海軍側の裁判対策を行っていた豊田隈雄《とよだくまお》は、審理過程で「海軍は陸軍にひきずられて戦争に参加したとの印象」が定着していったと回想している（前掲『戦争裁判余録』）。

審理と外務官僚

外務官僚と審理

それでは、裁判対策の段階からことごとく軍部と対立していた、外務省出身の被告人に関する審理はどのように展開されたのか。検察側立証で追及された主な事件は、開廷前から重視されていた、日独伊三国軍事同盟、日米開戦、捕虜問題、そして、広田弘毅内閣の政策の四つである。検察側は、開廷前から収集していた外務省の電文（連合国側からの捕虜虐待に関する抗議や、抗議への日本側の回答がメイン）など、膨大な証拠・証言によって被告人の責任を追及している。

だが検察側の立証には、一部の被告人や外務省本省にとって有利な要素が含まれていたのも事実だった。

第一に、外交官が、戦争回避に努めていたという事実が、検察側の立証から示されるケースがあった。特に、満州事変に関する審理では、強引な陸軍に外務官僚たちが引きずられていたという線での立証が目立った。

奉天総領事館総領事首席補佐を務めた経験を持つ森島守人《もりしまもりと》。彼の供述書もこうした立証の一翼を担ったものの一つである。供述書はこう述べる。

満州事変勃発時、森島は板垣征四郎（関東軍参謀）に対して、事件は平和的手段で解決できると説得しようとした。しかし、花谷正《はなやただし》（陸軍少佐・関東軍司令部付）は怒って刀を抜いて、軍の指揮権に干渉するようならその結果を負う覚悟をしろ、干渉するなら誰でも殺すと言った。

一九三一年九月一九日、森島は軍事行動を止めるように説得するために、関東軍司令部を訪問したが、満州の日本軍はすでに行動を開始してしまっていた。「事態を収拾するためになされたあらゆる努力にも拘らず、軍は満州占領を続け、一九三二年の春には之を統合したのである」（『速記録』第一巻）。

森島は以上のように供述している。「横暴な陸軍」と「平和に向けて努力する外交官」というはっきりとしたストーリーが浮かび上がる供述である。

審理では、陸軍が戦争を推進したということを立証するために、「陸軍は、強い反対があったにも拘らず戦争を拡大した」という論法がよく用いられている。この論法は、陸軍の責任追及には大きな効果を持っていたが、同時に、陸軍に「反対した側」の「穏健性」を示すことにもつながっていた。これは、先にみた海軍のケースにも当てはまることだ。外務省の関係被告人はこうした方法によって生まれた「恩恵」を享受していた、ということになろう。

また、検察側は、「満州事変」、「通例の戦争犯罪」など、全部で一五の立証項目を設けて、項目ごとに検察官とスタッフが公判処理を担当していた（前掲『東京裁判の国際関係』）。スタッフ間での連絡調整を緊密に行い、すべての被告人の追及を完璧に進めるには至らなかったと指摘できよう。

一部の極端な外交官が同盟締結を推進！

第二のポイントは、外務省本省の責任があいまい化され、日本外交の戦争責任の一端が、一部の外交官に帰せられたということである。最もこの傾向が顕著だったのが、日独伊三国同盟をめぐる立証である。

日独伊三国同盟は、同盟締結の熱烈な支持者であった大島浩、松岡洋右、白鳥敏夫の各人が推進し、彼らが陸軍の同盟賛成者とともに決定的な役割を果たした、という検察側の認識が立証内容に強く反映された。このため、三国同盟に関する追及は、同盟締結に向けたこの三人の動向がもっぱら争点になった。

このため、三国同盟は、「組織としての外務省が関係したもの」ではなく、いわば、「一部の極端な同盟推進論者によって締結されたもの」として位置づけられることになった。しかし実際には、外務省では、大陸政策や対ソ外交の観点から、防共協定の有効性が認識されていたという（森茂樹「大陸政策と日米開戦」歴史学研究会・日本史研究会編『日本史講座九　近代の転換』。井上寿一『危機のなかの協調外交』）。当時の外務省には、松岡らの主張を受け入れる土壌が、確実に存在していたのである。しかし裁判においては、組織としての外務省が、どのように三国同盟の締結を「受容」したのかという問題は、審理の論点から欠落していたのである（『速記録』第二巻）。

通告遅延は誰の責任だったのか？

三つ目のポイントは、対米通告遅延の責任が誰にあったのか、検察側が充分に立証できていなかったことである。「太平洋戦争」段階の冒頭陳述には、責任者を特定することができず、検察側がはがゆく思っている様子がよく出ている。陳述の一部を引用しよう。

それ〔日本側が手交した交渉打ち切り文書〕は戦争宣告ではなく、最後通牒ではない。

そして、真珠湾攻撃の開始された時刻の一時間後まで伝達されなかった。どの被告がこれらの事実を前もって知っていたか、あるいは、それに直接責任のあったかに関し、我々は極めて一致しなかった彼等自身の陳述を持っている。

我々は、それらを貴方等〔裁判官〕の目前に置き、それ等陳述及び他の証拠より何れに真実があるやを、貴方等に判決して頂きたい。（同前）

関係者の証言が、相互に矛盾していて真相が分からない。証拠を示すのであとは裁判官で判断してほしい――。実に素直な陳述だが、これは事実上の敗北宣言に等しかった。

確かに、対米通告をめぐる被告人の「尋問調書」の情報は錯綜している。検察側の尋問で東郷茂徳元外相は、永野修身軍令部総長と伊藤整一軍令部次長が無通告攻撃を主張したと述べていたが、一方の永野は、対米通告前もしくは通告と同時の攻撃は計画していない、と応答していた（『尋問調書』第一巻、第四巻）。真珠湾攻撃の開始時刻についても、東郷が攻撃日時を知っていたとの証言（東条の証言）と、東郷は、正確な攻撃時刻は知らなかったという証言（東郷の証言）とが対立していたのである（『速記録』第三巻。『尋問調書』第一巻）。

対米通告の内容についても、責任の所在がはっきりしなかった。東条が、対米通告の

「要旨」は外相から説明があったものの、「全文は読まれなかったし、廻されもしませんでした。この会議後〔一九四一年一一月三〇日〕は、本件は外務省の責任となりました」と陳述しているのに対して、東郷は、通告は大本営政府連絡会議その他の会議で述べられた見解に従ったものなので、外務省、外務大臣として責任を負うことはできない、との見解を示している（『速記録』第三巻。通告遅延をめぐる諸問題については、井口武夫『開戦神話』、須藤眞志『真珠湾〈奇襲〉論争』などの研究が詳しく論じているので参照のこと）。

外務省は「郵便ポスト」？

第四に、外務省関係の被告人と「通例の戦争犯罪」を結びつける直接的な証拠が提出されなかった。「戦争法規違反、残虐行為」段階では、ジュネーヴ条約を「準用」するとした東郷の回答文や、連合国側から外務省に寄せられたおびただしい数の抗議文書が法廷に提出されている（『速記録』第三巻、第四巻）。だがこれらは、日本軍の残虐行為への抗議が外務省に寄せられていたという事実を示すことはできても、外務省首脳の東郷や重光葵が直接捕虜虐待などに関与したことを明示できるものではなかった。

また、捕虜問題については外務省の権限外であり、主たる責任は陸軍にあったという主張も目立つ。特に大きな意味を持つことになったのが、田中隆吉〔元陸軍省兵務局長〕の証言である。田中が検察側に積極的に協力し、検察側の立証に大きな影響を与えていたことはすでに述べたとおりだ。

検察側の証人として出廷した田中は、日本の捕虜政策について詳細に証言した。田中は、捕虜問題に対して陸軍、特に陸軍大臣が強い権限を持っていたと指摘している（内海愛子・宇田川幸大「東京裁判と捕虜」前掲『東京裁判―捕虜関係資料』第一巻）。さらに田中は、外国からの抗議への対応についてこう証言した。日本では、俘虜情報局と陸軍省俘虜管理部が陸軍大臣の指揮下にあり、外務省は外国からの抗議を調査する機関も権限もなく、陸軍が決めたことをただ「郵便ポスト的」に、そのまま「鸚鵡《おうむ》返し」にするよりほかに手がなかった（『速記録』第三巻）。残虐行為の責任は、もっぱら陸軍に帰せられることになったのである。

なお、検察側立証段階で、広田弘毅に関する証拠はあまり提出されなかった。検察側は、「満州事変」段階で「国策の基準」（一九三六年、広田内閣の下で定められた、大陸や南方への進出と軍備拡充に関する基本国策）などを提出・朗読しているが、「通例の戦争犯罪」に関する証拠・証言は一件もない（『速記録』第一巻）。検察側立証段階の時点では、広田が極刑になる可能性はほとんどなかったのである。

外務省は捕虜問題に無権限？

外務省関係被告人の反証は、準備された裁判対策に沿って行われた。一つは、被告人や外務省本省の責任を回避しつつ、主な責任が軍部や出先機関にあったことを示す、という弁明である。たとえば、捕虜問題に関する反証では次のような主張が展開されている。

①太平洋戦争勃発後、捕虜と戦地の抑留者に関する事項は、陸軍と海軍が管轄していた。

②太平洋戦争が勃発し、東郷外務大臣は抑留者と捕虜を寛大に取扱いたいと、しばしば関係外務省員に話した。

③日本は捕虜の取り扱いについて事情の許す限り（その適用を実際上、不能ならしめるような支障がない限り）、ジュネーヴ条約の規程を適用する意向であった。しかし、正式にジュネーヴ条約を批准し、加入したわけではない。

（『速記録』第六巻）

以上の三つが主な主張だ。

東郷が民間人抑留者と捕虜を寛大に扱おうとしていたことを示しつつ、捕虜管理の主たる責任が軍にあることを強調する内容だった。さらに、外務省が捕虜問題について独自に調査することはできず、海外から寄せられた抗議などについては、関係当局の注意を喚起したりすることしかできなかった、との弁明も繰り返し行われている（『速記録』第六巻、第八巻)。

こうした反証内容は、検察側立証での田中証言と符合するものであった。外務省は捕虜問題について権限のない、「郵便ポスト」に過ぎなかった――、こうした歴史像が法廷で定着してゆくことになった。

日米開戦の責任は軍にある!

一方、日米交渉や無通告開戦に関する反証でも、責任転嫁の傾向は顕著だった。彼らの主張はこうである。陸軍は、日米交渉の成立を絶望視し、開戦を主張していた。開戦前にアメリカ政府への事前通告は行う予定だったが、在米日本大使館での書類作成上の問題からアメリカ側に手交するのが遅れた。また、当時の状況では、アメリカに送付された通告は「宣戦」と同等のもので、実質的に「開戦に関する条約」に適合すると考えていた(『速記録』第六巻)。

法廷では、こうした線に沿って、山本熊一《やまもとくまいち》(元外務省アメリカ局長)や結城司郎次《ゆうきしろうじ》(元来栖三郎特命全権大使随員)など、関係者による宣誓供述書が提出されていった。海軍の伊藤軍令部次長が、攻撃開始まで日米交渉を打ち切らないようにと主張していた、アメリカへの通告は、余裕をもって在米日本大使館に到着するように取り計らったが、在米日本大使館で対米通告をタイプするのに予期した以上に時間が掛かった。以上のような弁明が続いた（同前）。一言でいえば、「悪いのは軍部と出先の大使館」という弁明である。

また、外交官の「平和努力」も折に触れて強調された。重光葵に関する反証では、ジョージ・E・デイヴィス（元駐ソ米大使）や、R・Aバトラー（元英外務次官）といった、海外の外交官・政治家たちから宣誓供述書が寄せられ、重光が日中戦争の平和的解決や、アメリカ、イギリスとの対立を回避するために努力していた、との証言が出されている（『速記録』第七巻）。

弁明の限界

だが、外務省関係被告人の弁明には大きな限界もあった。一つは、三国同盟の締結を推進した、いわゆる枢軸派・革新派の被告人の存在である。彼らは、既存の国際秩序を否定し、新たな世界秩序の構築を目指し、ドイツ、イタリアといった枢軸諸国との提携を主張していた。東京裁判の被告人では、松岡洋右、白鳥敏夫、大島浩がこれにあたる（外務省革新派については、戸部良一『外務省革新派』）。

彼らが、防共協定や三国同盟を支持・推進したという事実は覆し難く、有効な反証を行うのはかなり難しかった。広田洋二（白鳥担当弁護人）は、いくら弁護しても検察側が白鳥の著書を証拠に反駁《はんばく》してくるので、「仲々《なかなか》面倒で難渋《なんじゅう》した」と回想している（「広田洋二氏からの聴取書」一九六二年七月一八日、前掲『東京裁判（弁護人）』）。白鳥は、旺盛な執筆活動で有名であり、常々ドイツとの提携を世論にも訴えていた。

もう一つは、証人との綿密な打ち合わせが明らかに不足していたことである。広田弘毅の個人弁論で出廷した石射猪太郎《いしいいたろう》（元外務省東亜局長）は、宣誓供述書を提出して、南京事件の際、広田が事件に関する報告を受け、陸軍大臣に至急、厳重措置をとるよう申し入れを行ったと供述、広田が事件の収束に向けてできる限りの努力をしていたことを示そうとした（広田の審理や弁護準備については、服部龍二『広田弘毅』に詳しい）。

だが、この直後にコミンズ・カー検察官が反対尋問を行い、「さて、それでは、広田はこの件〔南京事件に関する海外の新聞報道〕を閣議に持ち出しましたか」と問うと、石射は「閣議に持ち出したということは、聞いておりません」と答えている。これは、広田が南京事件を知っていながら閣議に持ち出さなかった、という「不作為《ふさくい》」（訴因五五）を法廷に印象付けることになった（『速記録』第七巻）。

鈴木九萬《すずきただかつ》（元外務省在敵国居留民関係事務室長）による証言も、重光の弁護に大きな影を落とすものだった。鈴木は、重光が捕虜問題に重大な関心を持っていたことを証言したが、トマス・モーネイン検察官が「重光氏は閣議においてこの問題を論じましたか」と反対尋問すると、「そうは思いません」と述べていた（『速記録』第八巻）。広田同様、これも重光の「不作為」を仄《ほの》めかす証言だった。

すでに確認した通り、外務省はＧＨＱへの配慮から、弁護に直接関わることは徹底して避けていた。このため外務省関係の被告人については、各被告人の弁明、証人の訓練、証言内容のチェックなどを、総合的に行う機関が設けられていなかった。準備不足の背景には、こうした統制機関の不在があったのかもしれない。

問われざる外務省の諸問題

外務省関係事件の審理はどのような影響を与えたのだろうか。ここでは、二つの点をおさえておきたい。

第一に、外務省のなかで戦争を推進したのは革新派・枢軸派であり、それ以外の外交官は彼らによって戦争に引きずられていた、というイメージがかなりの程度定着していた。検察側の最終的な認識が示された最終論告では、大島と白鳥が外務省本省や日本政府を強引に引きずり、駐在武官・大使の権限を逸脱して独伊との同盟締結を推進していた、とされている。外務省本省や革新派・枢軸派以外の外務官僚は、彼らと陸軍に「引きずられた人びと」という位置づけだった（『速記録』第九巻）。

第二に、主な追及事件のうち、事実関係が曖昧なまま審理を終えた事件や、重要な事実への言及がないままの事件が存在した。その最たる例が、真珠湾攻撃である。東郷への最終論告も、「通告時間の遅れについて様々な証拠が提出されているが詳しく再論する必要はない」として明確な判断を避けた。検察側は、通告が「遅れた場合の危険については〔日本側が〕注意を払わなかった」と指摘するに留まっている（同前）。

真珠湾攻撃をめぐる問題で重要なことは、東郷の主張にみられるように、自衛戦争であれば宣戦布告の手続きは必要ない、あるいは、無通告攻撃でも大きな問題はない、という認識が外務省のなかで一定の拡がりをみせていたと思われることである。

近年、この点については重要な関係資料が発掘・紹介されるようになっているが、たとえば、外務省の南洋局が作成した「対米武力発動に至る各種経路（就中《なかんづく》開戦宣言をすべきや否やの問題）」という文書では、次のようなプランが「最も実現性ありと認めらる」と判断されていたのである。

対米武力発動と同時又は直後には、南洋一円に対する交戦区域の宣言のみを行い、その後適当なる時機（例えば我軍の比律賓〔フィリピン〕、馬来〔マレー半島〕上陸、又は蘭印に対する武力発動の時期）に始めて武力発動の理由、及び相手国の抵抗により戦争状態存在するに至れる旨を中外《ちゅうがい》〔国内外のこと〕に宣言し、これを米側（在京米大使にても可なり）に通告す。（細谷千博・佐藤元英編集・解説『日米交渉関係調書集成Ⅱ』）

武力発動後に、戦闘開始の理由を宣言・通告しようというのである。これは、全く「事前通告」とはいえない、国際法を無視したプランだった。外務省の組織や部局レベルでの国際法認識は、審理で争点になっていない。国際法上、対米開戦を自衛戦争として正当化できないということは先にふれたとおりである。海軍でも、自衛戦争の場合は事前通告が必要ないという考え方には疑問の声が出されていた。先にみた嶋田繁太郎元海相の手記（「嶋田大将手記」）には、海軍側の所見が注記されており、ここでは「純然たる自衛の場合は先に攻撃しても可なりとする主義なるも、実際問題として、取扱困難なり。説としてもあまり有力ならず」との判断が示されている（前掲『極東国際軍事裁判弁護関係資料六六〇』）。

また、捕虜問題に関する審理にも大きな問題があった。ジュネーヴ条約「準用」回答をめぐる対応についてや、外務省内にも「捕虜は生きていてはいけない人」という軍部と変わらない捕虜観が存在していたことなど、重大な問題が審理からは抜け落ちている。捕虜問題について、軍部に重大な責任があったことは間違いない。しかし、外務省の責任もまた、「単なる郵便局にすぎなかった」の一言で、看過できるようなものではなかったのである。

浮かび上がる日本の戦争の姿

以上、この章では、検察側・弁護側の攻防の様子を追跡し、日本側の何がどのように追及されたのか、反対に何が看過されたのかを検討してきた。膨大な戦争犯罪の発生、日本側の国際法認識の杜撰《ずさん》さ、連綿と続く陸海軍と外務省の対立、責任転嫁――。東京裁判の審理を追跡してゆくと、近代日本の戦争とは一体何だったのかを、改めて考えさせられる。一九四九年五月、政治学者の丸山眞男《まるやままさお》は、東京裁判での被告人の弁明を検討した有名な論文「軍国支配者の精神形態」（『潮流』）を著している。丸山は被告人の弁明を読み解き、それを「日本ファシズム支配の厖《ぼう》大なる『無責任の体系』」と評した。いかに支配層が、戦争に対して主体的な責任意識に欠けていたのか。丸山の重い問題提起である。東京裁判の一連のプロセスは、日本の戦争の姿を様々な角度から浮かび上がらせるものだった。

裁判は、裁判に携わった者に、日本の戦争のありようを再考させる場でもあった。前出の豊田隈雄は、裁判の審理を通して感じた近代日本の「反省点」を回想録に記している。審理を通じて日本と国民の欠陥が看取《かんしゅ》された。それは明治以後の武力過信と、軍の政治干与《かんよ》であり、また一時は日本は国際間では一等国扱いされたが、その実は二、三等国であり、世界を知らなかった。外国をよく研究すべきである。

三国同盟、大東亜戦争につき、海軍は正鵠《せいこく》なる立場を持し、かつこれに反対する制度上の力を持ちながら、最後はずるずると引き込まれたことは真に不可解、遺憾至極である。この点海軍の責任は重大と言わねばならぬ。
日露、日独両戦役の俘虜取扱いは世界に範を示したのに、今次戦争では広範囲の残虐行為が発生した。武士道の頽廃《たいはい》愧《は》ずべきで、このことなかりせば、本裁判の世界の反響はよほど違っていたに違いない。（前掲『戦争裁判余録』）

これが、裁判対策に関わり、日本の戦争や裁判を考え続けた豊田の所感だった。さらに豊田は、一九八七年八月の海軍反省会（旧海軍の幹部が集まり、海軍の歴史を検討・反省した会合）でこうも述べている。

およそ二年半の審理を通じ最も残念に思ったことは、国策決定に関するあらゆる重要な接点において、海軍は常に正攻な考えを持ちながら、その信念を国策に反映させる勇を欠き、結局陸軍の政策に引きずられ、あるときはこれに便乗の態度さえ見られ、ついに戦争敗戦へと国を誤るに至ったことである。東京裁判を終えた日本弁護団が、異口同音に陸軍は暴力犯、海軍は知能犯。いずれも陸海軍あるを知って、国あるを忘れていた。敗戦の責任は五分五分であると、けだし言い得て妙、あり得べき至言では

（戸高一成編『［証言録］海軍反省会九』）

あるまいかと。

「陸軍は暴力犯、海軍は知能犯。いずれも陸海軍あるを知って、国あるを忘れていた」。軍部は自分の組織のことしか目に入らず、国家や社会を誤った方向に導いた——、弁護団の指摘は重い。豊田にとって、裁判は「近代日本の再検証」の意味をもったのかもしれない。

下された判決

判決書と日本の戦争、残虐行為

最終論告、最終弁論、そして判決へ

一九四八年一月一二日、各被告人の個人弁論が終了し審理は一つの区切りを迎えた。その後、検察側と弁護側の再反証（追加の証拠提出）が行われ、審理は検察側の最終論告（一九四八年二月一一日〜）、そして弁護側の最終弁論（一九四八年三月二日〜）へと進んだ。

日本の戦争は自衛なのか侵略なのか。被告人は残虐行為への責任があるのか否か。最後まで、検察側と弁護側の主張が折り合うことはなかった。検察側立証段階、弁護側反証段階で行われた双方の主張が、最終論告や最終弁論でも繰り返されている。四月一六日に最終弁論が終了すると法廷は休廷、いよいよ判決書の完成を待つばかりとなった。

しかし、判事団内部での対立もあって、判決書は容易にはまとまらなかった。実は、開廷当初から、判事団内部では深刻な意見対立が生じていたのである。

多数派の形成と判決書の起草

対立の一つの原因は、ラダビノド・パル判事（インド代表）をめぐる問題にあった。パルは元来、「平和に対する罪」の事後法的な性格に否定的な考えをもっており、他の判事との対立が目立った。当初、判事団では、正式な判決書の内容とは異なる意見（少数意見）を持つ判事が出た場合、その少数意見は決して公表しないという合意ができていた。あくまで判事団は一つであり、そこから出される判決も一つである、という考え方である。しかし、パルはこの合意を受け入れなかったのである。

図15　パル　朝日新聞社提供

したがって判事団では、正式な判決書とは別の少数意見が出される可能性――これは裁判所の権威を失墜させるという意味で極めて大きな問題だった――が常に付きまとうことになった。

実際、東京裁判では正式の判決書とは別に、ウィリアム・ウェッブ裁判長、パル判事、レーリンク判事、アンリ・ベルナール判事（フランス代表）、デルフィン・ハラニーリャ判事（フィリピン代表）の五人が個別意見書を提出している（ハラニーリャ判事の意見書は、「同意意見」という名目だったが、内容的には判決書への反対意見だった）。また、「平和に対する罪」や侵略戦争の犯罪性を積極的に支持する者と、そうでない者との間でも意見は対立していた。

空中分解寸前の状況に変化が現れたのは、一九四八年二月から三月ころのことだった。イギリスのパトリック判事が工作を行い、判事団のなかにいわゆる「多数派」が形成されたのである。多数派となったのは、パトリック、エドワード・マクドゥーガル（カナダ代表）、エリマ・ノースクロフト（ニュージーランド代表）、マイロン・クレイマー（アメリカ代表）、イワン・ザリャノフ（ソ連代表）、梅汝璈《ばいじょごう》（中国代表）、ハラニーリャの七人である。東京裁判の判決書は、この多数派によって書かれることになった（以上、前掲『東京裁判』）。

「世紀の審判」くだる

一九四八年一一月四日、半年以上の休廷期間を経て、ついに判決書の朗読が開始された。長大な判決書の朗読は、七日間にも及んだ。被告人にどのような刑が言い渡されるのか、判決書にはどのような事柄が書かれるのか。

世間の関心も高まっていた。「東京裁判あす再開　二五被告へ判決」、「注目の〝世紀の審判〟　東京裁判きょう開く」、新聞は裁判の再開や判決書の朗読開始を大きく報じている（『毎日新聞』一九四八年一一月三日、一一月四日、前掲『新聞史料にみる東京裁判・BC級戦犯裁判』）。

判決書の詳しい内容をみてゆく前に、判決書の基礎的な情報を整理しておこう（以下、判決書の内容は、「極東国際軍事裁判判決速記録」『速記録』第一〇巻。判決書からの引用も以下これによる）。

まずは、判決書の構成についてである。判決書は、以下のような項目から成り立っていた。

A部　第一章　本裁判の設立及び審理　第二章　法　（イ）本裁判所の管轄権（ロ）捕虜に対する戦争犯罪の責任（ハ）起訴状　第三章　日本の負担した義務及び取得した権利

B部　第四章　軍部による日本の支配と戦争準備　第五章　日本の中国に対する侵略　第六章　ソビエット連邦に対する日本の侵略　第七章　太平洋戦争　第八章　通例の戦争犯罪（残虐行為）

C部　第九章　起訴状の訴因についての認定　第一〇章　判定

全部で一〇章、これらが内容ごとにA、B、Cの三つのカテゴリーに分類されている。A部が、裁判審理の根拠となる国際条約などの法的な問題の説明、B部が、日本の戦争や残虐行為に関する事実の認定、C部が、各被告人の訴因への有罪無罪の判定と刑の言い渡し。以上のような内容構成である。日本の戦争をどう位置づけるのか、残虐行為はどのようなものだったのか、こうした問題はB部で細かく記載されている。

なお、検察側の起訴状では全五五項目あった訴因は、判事団の判断で一〇項目に絞られることになった。これは、相互に内容が重複する訴因や、そもそも裁判所が管轄権を与えられていないと考えられる訴因が入っていると判断されたためであった。マッカーサーが執着した「殺人」に入っていた訴因も、すべて判定外とされることになった。最終的に、判事団が被告人の有罪、無罪の判断を示す対象にしたのは、

訴因一　一九二八年から四五年における侵略戦争の共同謀議

訴因二七　満州事変以降の中国への侵略戦争遂行

訴因二九　アメリカに対する侵略戦争遂行

訴因三一　イギリスに対する侵略戦争遂行

訴因三二　オランダに対する侵略戦争遂行
訴因三三　フランスに対する侵略戦争遂行
訴因三五　ソ連に対する侵略戦争遂行（張鼓峰事件）
訴因三六　蒙古人民共和国とソ連に対する侵略戦争遂行（ノモンハン事件）
訴因五四　戦争法規違反の命令・授権・許可
訴因五五　戦争法規遵守義務の無視

の一〇項目になった。当初の五分の一以下の数まで訴因が絞られたことになる。

判決書と日本の戦争

それでは、判事団は日本の戦争に対してどのような認識を示したのか。判決書に記された彼らの「歴史認識」は「論理明快」だった。日本で陸軍を中心とする軍部が徐々に勢力を拡大して中国侵略を開始し、最終的には欧米諸国への侵略戦争に発展した。これが彼らの認識であった。また、一九二八年から日本の敗戦まで、日本には侵略戦争を遂行するための一貫した共同謀議が存在した、という点も確認されている。

こうした前提に基づいて判決書が作成されたため、弁護側の自衛戦争論はことごとく否定された。判決書のB部第七章「太平洋戦争」にある「結論」の項目には次のように記されている。少し長くなるが、判事団の認識がよく表れているので引用しておく。

日本のフランスに対する侵略行為、オランダに対する攻撃、イギリスとアメリカ合衆国に対する攻撃は、正当な自衛の措置であったという、被告のために申し立てられた主張を検討することが残っている。これらの諸国が日本の経済を制限する措置をとったために、戦争をする以外に、日本はその国民の福利と繁栄を守る道がなかったと主張されている。

これらの諸国が日本の貿易を制限する措置を講じたのは、日本が久しい以前に着手し、かつ、その継続を決意していた侵略の道から、日本を離れさせようとして講じられたもので、まったく正当な試みであった。〔中略〕

さきに挙げた被告のための主張は、実に、日本が侵略戦争の準備をしていた当時に発表した日本の宣伝を単に繰り返しているにすぎない。〔中略〕

本裁判所はまた、フランス共和国に対して侵略戦争が行われたものと認定する。〔中略〕

さらに、本裁判所の意見では、日本が一九四一年一二月七日に開始したイギリス、アメリカ合衆国及びオランダに対する攻撃は、侵略戦争であった。これらは挑発を受けない攻撃であり、その動機はこれらの諸国の領土を占拠しようとする欲望であった。『侵略戦争』の完全な定義を述べることがいかにむずかしいものであるにせよ、右の動機で行われた攻撃は、侵略戦争と名づけないわけにはいかない。

アメリカ、イギリス、オランダ、フランス、これら諸国との戦争を自衛戦争として正当化することはできない。弁護団の自衛戦争論は、戦時中に日本が行っていたプロパガンダとなんら変わらない。これらの戦争を侵略戦争と呼ばないわけにはいかない。判事団は以上のように断じている。自衛戦争論では裁判を乗り切ることはできないという、海軍の予想は的中していたのである。

判決書と残虐行為

それでは、「通例の戦争犯罪」（残虐行為）についてはどのような認定が行われたのだろうか。日本軍の残虐行為については、B部第八章の「通例の戦争犯罪（残虐行為）」の項目が詳しく言及している。この項目は次のような小項目から成っていた。

戦争法規は中国における戦争の遂行には適用されないという主張／軍の方針の樹立／中国戦争で捕虜となった者は匪賊《ひぞく》として取扱われた／盧溝橋事件の後も方針は変わらなかった／南京暴虐事件／戦争、広東と漢口に拡大／帰還兵の語るかれらの行った残虐行為／捕虜飛行士の殺害／虐殺／虐殺は命令によって行われた／死の行進／他の強行軍／泰緬鉄道／拷問とその他の非人道的取扱い／生体解剖と人肉嗜食／捕虜輸送船に対する攻撃／潜水艦戦／捕虜と抑留者の不法使役、飢餓及び冷遇／民族的必要に対する考慮食糧と被服／医療品／宿舎／労役／原住民の労働／捕虜と抑留者に対する宣誓署名の強制／過度かつ不法な処罰科せらる／捕虜に対する侮辱／制度／日本、一九二九年のジュネーブ条約の適用に同意／捕虜虐待は一つの方針／日本の目的は日本国民の保護であった／俘虜情報局の設置／俘虜管理部の設置／軍務局、支配権を保持／収容所とその管理／海軍もこの制度に関与／日本内地におけるこの制度の運営／台湾、朝鮮、樺太におけるこの制度の運営／占領地におけるこの制度の運営／占領地におけるこの制度を運営した被告／連合国の抗議／捕虜と一般人抑留者に対する虐待の黙認と隠蔽（以下、残虐行為の判定については前掲「序列化された戦争被害」、前掲『東京裁判―捕虜関係資料』全三巻）。

残虐行為の命令と許容

B部第八章の冒頭、判事団は、日本軍の残虐行為についてこう述べている。

数カ月の期間にわたって、本裁判所は証人から口頭や宣誓口供書による証言を聴いた。これらの証人は、すべての戦争地域で行われた残虐行為について、詳細に証言した。それは非常に大きな規模で行われたが、すべての戦争地域でまったく共通の方法で行われたから、結論はただ一つしかあり得ない。すなわち、残虐行為は、日本政府またはその個々の官吏及び軍隊の指導者によって、秘密に命令されたか、故意に許されたかということである。

残虐行為は、日本政府や軍指導者などの命令や、故意の許容に基づいたものであったと判定されたのである。捕虜問題についても冒頭から詳しい言及があり、なかでも、捕虜の高い死亡率が大きく取り上げられた。いわく、ドイツ・イタリア軍が捕えたアメリカ・イギリス軍の捕虜の死亡率が四％であったのに対し、日本軍の捕虜となったアメリカ・イギリス軍の捕虜の死亡率が二七％にも達している、と。

重視された連合国捕虜の問題、二の次にされるアジア人住民

残虐行為の認定で最も重要なことは、「白人」捕虜と民間人の問題については詳細な認定が行われていたのに対して、アジア人の現地住民の被害への言及は圧倒的に少なかった、ということである。B部第八章の小項目「捕虜と抑留者の不法使役、飢餓及び冷遇」以降の項目は、「原住民の労働」を除いて、すべて捕虜や民間人抑留者の問題だった。この章で認定されている内容は、欧米諸国に関するものが中心である。また、「死の行進」、

「泰緬鉄道」など、捕虜問題に特化した項目が数多くおかれている点も注目される。

中国に関して、南京事件関係の詳しい認定が行われてはいるものの、判決書がアジア民衆の被害を独立した項目を設けて言及したのはこれだけだった。東南アジアでの現地住民の被害は、「虐殺」などの項目で、捕虜虐待や「白人」民間人を扱った問題と一緒に、いわば付随的に言及されていることが多い。

判事団が捕虜問題に強い関心を寄せていたことは、先にみたA部第二章「法」の項目で、「(ロ)捕虜に対する戦争犯罪の責任」という項目をわざわざ設けていたことからも窺えるし、そもそも判決書のC部第九章「起訴状の訴因についての認定」をみると、訴因五五(戦争法規遵守義務の無視)は、「捕虜と一般人抑留者に関する条約と戦争法規の遵守を確保し、その違反を防ぐために、充分な措置をとらなかったこと」と定義しているのである。この定義には、「現地住民」といった用語は記載されていないのである。

ところで、判決書では捕虜問題と民間人抑留者の問題がセットで言及されていることが多いが、おそらくこれは、捕虜と民間人抑留者がともにジュネーヴ条約の対象になっていたためだろう(前掲「加害と被害」)。しかし、セットで扱われることが多かったとはいえ、民間人抑留者の問題に関して、捕虜問題のような独立した項目は設けられていない。個別に言及され、最も多くかつ詳細に書かれているのは捕虜問題である。

ドゥーリトル飛行隊処刑事件、「バタアン死の行進」、泰緬鉄道での捕虜の使役など、検察側が徹底追及を試みた事件についても詳しい言及がある。捕らえられた飛行隊について、飛行士に弁護の機会は与えられなかった（ドゥーリトル飛行隊処刑事件）、行進で亡くなったアメリカ人とフィリピン人の捕虜の数は約八千人にのぼり、収容先のオードネル収容所では一九四二年四月から一二月までの間に、二万七五〇〇人以上の者が死亡した（「バタアン死の行進」）、一八か月のうちに一万六〇〇〇人の捕虜が死亡した（泰緬鉄道）。判決書は以上のように認定している。なお、被告人と残虐行為の責任も、捕虜問題との関連で議論されているケースが多く、この問題が量刑にも大きく影響したことが窺える。

判決書と陸海軍、外務省

判決書と陸軍

続いて、判決書の内容を陸軍、海軍、外務省の順に、それぞれの組織や被告人の観点から確認してゆこう。最初は、陸軍である。

主たる戦争推進勢力として認識された陸軍への判定は峻厳だった。陸軍に関する判定内容の概要を以下に示す。・印が大まかな判定内容である（三国同盟の締結や対米開戦についてては海軍と外務省の部分で触れる。判定については表5も参照のこと）。

○満州事変

・板垣征四郎は、武力による満州での「新国家」樹立に賛成していた。陸軍が「積極的に紛争をかもし出し」たことが、柳条湖事件につながった。

表5　判決一覧（起訴状中に訴追された各訴因についての判定と宣告刑一覧表）

項　目	有罪・無罪の判定の対象となった訴因										宣告刑
訴因番号	1	27	29	31	32	33	35	36	54	55	
訴因内容／被告名	侵略戦争遂行の共同謀議	対中国侵略戦争遂行	対米侵略戦争遂行	対英侵略戦争遂行	対蘭侵略戦争遂行	対仏侵略戦争遂行	張鼓峰事件遂行	ノモンハン事件遂行	違反行為の命令、授権許可による法規違反	違反行為防止責任無視による法規違反	
荒木貞夫	●	●	○	○	○	○	○	○	○	○	終身禁錮刑
土肥原賢二	●	●	●	●	●	○	●	●	●	△	絞首刑
橋本欣五郎	●	●	○	○	○				○	○	終身禁錮刑
畑　俊六	●	●	●	●	●		○	○	○	●	終身禁錮刑
平沼騏一郎	●	●	●	●	●	○	○	●	○	○	終身禁錮刑
広田弘毅	●	●	○	○	○	○	○		○	●	絞首刑
星野直樹	●	●	●	●	●	○	○		○	○	終身禁錮刑
板垣征四郎	●	●	●	●	●	○	●	●	●	△	絞首刑
賀屋興宣	●	●	●	●	●				○	○	終身禁錮刑
木戸幸一	●	●	●	●	●	○	○	○	○	○	終身禁錮刑
木村兵太郎	●	●	●	●	●				●	●	絞首刑
小磯国昭	●	●	●	●	●			○	○	●	終身禁錮刑
松井石根	○	○	○	○	○		○	○	○	●	絞首刑
南　次郎	●	●	○	○	○				○	○	終身禁錮刑
武藤　章	●	●	●	●	●	○		○	●	●	絞首刑
岡　敬純	●	●	●	●	●				○	○	終身禁錮刑
大島　浩	●	○	○	○	○				○	○	終身禁錮刑
佐藤賢了	●	●	●	●	●				○	○	終身禁錮刑
重光　葵	○	●	●	●	●	●	○		○	●	禁錮7年
嶋田繁太郎	●	●	●	●	●				○	○	終身禁錮刑
白鳥敏夫	●	○	○	○	○						終身禁錮刑
鈴木貞一	●	●	●	●	●		○	○	○	○	終身禁錮刑
東郷茂徳	●	●	●	●	●			○	○	○	禁錮20年
東条英機	●	●	●	●	●	●		○	●	△	絞首刑
梅津美治郎	●	●	●	●	●			○	○	○	終身禁錮刑
備　考	●　有罪と判定された訴因 ○　無罪と判定された訴因 △　判定が下されなかった訴因										

起訴状にあげられた55の訴因のうち，5（日独伊三国の世界支配の共同謀議），34（タイ王国への侵略戦争の遂行）は，証拠不十分で除外，2～4，6～26，28，30，39～43，45～52は，別の訴因の認定に含まれるとの理由により除外．37，38，44，53は管轄権がないと認定し除外され，残りの10の訴因について，有罪，無罪の認定がなされた．

（出典）東京裁判ハンドブック編集委員会編『東京裁判ハンドブック』青木書店，1989年

○国内の戦争遂行体制の構築

・「組織化と宣伝とによって、日本の国民は、国家の運命と陸軍が提唱していた勢力拡張計画とを同じものと考えるようにさせられていた」。陸軍は、大政翼賛会を通じて「すべての既存政党を追放し、陸軍首脳部の思うままになるような、一つの新しい『親軍』党を結成する考えであった」。

一九三〇年代以降の日本の侵略戦争は、陸軍が主導したという認識が窺える内容である。

陸軍関係の残虐行為と量刑

一方、「通例の戦争犯罪」についても、陸軍側の被告人の多くが有罪とされている。陸軍については、検察側が膨大な証拠・証言を獲得していたこともあって、かなり厳しい判定内容となっている。

土肥原賢二

・第七方面軍の司令官として、捕虜に食物や医薬品を供給する責任があった。しかし、捕虜は虐待され、食物や医薬品の補給も土肥原の方針で差し止められた。訴因五四について有罪。

畑俊六

・中国における残虐行為の責任を問われる。訴因五五について有罪。

板垣征四郎

・指揮下にあったジャワ・スマトラ・マレー・アンダマン・ニコバル諸島・ボルネオの各地域において、収容された捕虜と抑留者に対し、補給品分配などを行わなかった点を問われる。訴因五四について有罪。

木村兵太郎

・捕虜に対して「戦争法規違反」の作業を行わせたこと、ビルマ方面軍司令官として、着任以前から現地で残虐行為が行われていたことを知っていながら、責任者の懲戒措置を取らなかったことを問われる。訴因五四・五五について有罪。

小磯国昭

・総理大臣在任中、捕虜や民間人抑留者に対する日本側の待遇が改善されなかったことを問われる。訴因五五について有罪。

松井石根

・南京事件の責任を指摘される。訴因五五について有罪。

武藤章

・北部スマトラとフィリピンにおける残虐行為の責任を問われる。訴因五四、五五について有罪。

東条英機

・陸軍省・内務省・政府の最高責任者として、戦争犯罪に対し責任ある立場にあったこと、「バタアン死の行進」について何の措置もとらなかったこと、泰緬鉄道建設時の捕虜虐待、捕虜収容所での残虐行為、中国人への戦争法規不適用、捕虜虐待の隠蔽の責任などを追及される。訴因五四について有罪。

「通例の戦争犯罪」について有罪となった陸軍関係の被告人の量刑は厳しかった。畑と小磯が終身刑とされているが、この二人を除く全員が絞首刑の宣告を言い渡されている。一方、「平和に対する罪」のみについて有罪となった、荒木貞夫、橋本欣五郎、南次郎、佐藤賢了、鈴木貞一、梅津美治郎、大島浩は、いずれも終身禁錮刑だった。こうした内容からも、判事団が「通例の戦争犯罪」を重視していたことを再確認できる。また、連合国捕虜虐待の問題が、量刑に大きく影響したことも窺える。

判決書と海軍

海軍関係事件については、どのような判定が下されたのか。主な内容を列挙しよう。

○南洋委任統治領の軍事化

・南洋委任統治領を日本側は軍事化していた。サイパンにおける海軍航空基地の建設は、国際連盟規約に反している。

○日独伊三国軍事同盟

・陸軍が「枢軸国間の軍事同盟を提案」した。米内光政海軍大将の内閣が、同盟締結に反対した。

○真珠湾攻撃の計画

・真珠湾攻撃の計画は、海軍の連合艦隊から大本営へ送られた。嶋田繁太郎と岡敬純が計画に関与していた。「最高度において犯罪的」な侵略戦争遂行の共同謀議が立証された以上、起訴状にある諸条約に関して一つ一つ事実認定を行う必要はないので、真珠湾攻撃が「開戦に関する条約」に違反するかについては判定外とする。日本側は、奇襲攻撃を望むあまり「思いがけない事故に備えて余裕」をおかなかった。

○日米交渉

・海軍は対米戦争に消極的だった。陸軍が交渉打ち切りを主張していた。

○海軍関係の「通例の戦争犯罪」

・マニラ戦での残虐行為、潜水艦事件など、検察側が提出した海軍関係事件の多くを事実として認定。しかし、海軍中央の関与については言及せず。

判決書の事実認定は、海軍にとって極めて有利なものになった。南洋委任統治領の軍事化が違法であると認定されたものの、他の主な事件については「海軍は陸軍よりも穏健だった」という線で認定が行われている。

また、真珠湾攻撃の違法性が事実上棚上げされた点も注目される。アメリカへの通告が遅れたこと自体は覆しがたい事実であって――しかも手交された文書は宣戦布告の文書ではなく、日米交渉打ち切り文書にすぎなかった――、「開戦に関する条約」に違反すると判定を下すことは、それほど難しいことではない。

なぜこのような判断になったのか、現時点では不明だが、「真珠湾攻撃が通告の前に行われたのは違法」とはっきり認定すると、「数分前、数秒前でも通告しさえすれば、戦争を引き起こしても問題ない」という、条約の趣旨とはかけ離れた議論を呼びこむ可能性があるので、それを憂慮したということも考えられるかもしれない。判事団は、「開戦に関する条約」が「敵対行為を開始する前に、明瞭な事前の通告を与える義務を負わせていることは疑いもないが、この通告を与えてから、敵対行為を開始するまでの間に、どれだけの時間の余裕を置かなければならないかを明確にしていない」と述べ、この条約の問題点に注意を喚起している。

海軍関係の被告人への量刑

判決はこうした事実認定を基に、嶋田と岡に対する訴因の認定と刑の宣告を行っている。岡は軍務局長として「共同謀議」に加わり、大本営政府連絡会議で有力な一員であったと認定され、訴因一、二七、二九、三一、三二について有罪の判定を受けた。

一方の嶋田も東条内閣の海相として真珠湾攻撃の計画・開始に関与し、日米開戦後、戦争遂行上主要な役割を果たしたとして、岡と同様の訴因について有罪となった。

だが判事団は、岡と嶋田の「通例の戦争犯罪」への関与を裏付けるには、証拠力が不足しているか、証拠そのものが不足しているという判断を示した。こうして、岡と嶋田は「通例の戦争犯罪」（訴因五四・五五）については無罪とされたのである。彼らに言い渡された刑は、終身禁錮刑だった。海軍では、海軍関係の被告人から一人は極刑者がでると予想されていたので、海軍の裁判対策は予想以上の「成功」を収めた形となった（前掲『戦争裁判余録』）。

判決書と外務省

次に、外務官僚関係の内容について検討しよう。外務官僚関係の事件に関する判定の概要は次のようなものだった。

○真珠湾攻撃

・日本側は「攻撃が奇襲になることを確実にしたいと切望するあまり、かれらは思いがけない事故に備えて余裕をおくということを全然しなかった」と認定するに留まる。「開戦に関する条約」に関する判定もせず。

○日独伊三国同盟

・陸軍が枢軸国間の軍事同盟を提案・推進していた。大島浩と白鳥敏夫は、陸軍とともに同盟締結を強引に推進、外務省本省や政府の意向を無視して、全ての「西洋諸国」を対象にした同盟を目指した。

○広田弘毅内閣の政策

・軍部大臣現役武官制の復活は、陸軍の勢力を強固にした一つの処置であり、内閣を成立させたり、倒したりすることのできる「一つの武器」を、軍当局の手に与えるものだった。「国策の基準」など、広田内閣の政策は、「ついには一九四一年の日本と西洋諸国との間の戦争をもたらすことになった」。

ここでは、二つのポイントを押さえておきたい。

一つ目は、真珠湾攻撃の責任がもっぱら現地の在米日本大使館に帰せられた、ということである。判決書は、日米交渉打ち切りのタイミングや通告の内容をめぐって、誰がどのような意見を述べていたのかなどについて詳しく認定していない。おそらく、この事件に関する証拠・証言の内容が審理で錯綜・混乱したのを受けて、通告遅延をめぐる日本本国の詳しい事情については、明確な判断を避けたのだろう。

一方で、現地の大使館の責任については、詳細で具体的な言及が目立つ。「日本大使館で通牒を解読し、浄書する時間が予定よりも長くかかったために、実際には、攻撃が行われてから四五分もたってから、日本の両大使は通牒を持ってワシントンの国務長官ハルの事務所に到着したのである」、判決文はこう認定している。本国側の詳しい事情がわからないまま、通告遅延の責任は、もっぱら現地の大使館に帰せられることになったのである。外務省内で作成されていた無通告攻撃案の存在や、彼らの国際法認識の問題は、不問に付されたままだった（以上の点については前掲『開戦神話』も参照のこと）。

二つ目は、外務省のなかで戦争を推進したのは、陸軍と結びついた革新派・枢軸派であり、これら以外の人びとは、戦争に消極的で「西洋諸国」との対立回避を目指していた、というイメージが、判決書で定着していたことである。これに対し、重光葵など革新派以外の外交官については高い評価が目立つ。「判定」の項目をみると、重光は、外務大臣就任以降（一九四三年以降）は侵略戦争に加担したとされているが、それ以前の期間については、公使・大使としての、官職の正当な任務を超えたことは一度もなく、外務省に対して「共同謀議者」の政策に反対する進言をくり返し与えていた、と認定されている。

外務省と残虐行為

一方、広田については、先にも触れた弁護側の失策が影響して厳しい判決が下されることになった。なかでも、南京事件に関する弁護の失敗は重大な結果を招いた。広田と南京事件の関係について、判決書は次のように述べている。

広田は外務大臣として、日本軍の南京入城後、残虐行為に関する報告を受け取った。弁護側の証拠によれば、これらの報告は信用され、この問題が陸軍省に照会されたとのことである。これに対して陸軍省からは、残虐行為を中止させるという保証が得られたが、この後も日本軍の残虐行為に関する報告は、少なくとも一か月間もたらされていた。広田は、残虐行為をやめさせるための措置を直ちに講じるよう閣議で主張しなかった。広田は自身がとることができたはずのいかなる措置もとらなかったのである。広田は自身の義務について怠慢だった。陸軍の保証が実行されず、日本軍の残虐行為が毎日行われていたことを、広田は知っていたのである。広田は陸軍の保証にたよるだけで満足していた。「かれの不作為は、犯罪的な過失に達するものであった」。

閣議に事件を持ち出さなかったとの一節は、明らかに弁護側証人による証言を反映したものである。

問われなかったジュネーヴ条約「準用」回答の責任

最後に、捕虜問題に関する判定を確認しよう。捕虜問題に関する判定は陸軍側に比べて極めて「寛大」だった。捕虜問題に関し、外務省は「郵便ポスト」に過ぎないという構図が定着し、主たる責任が陸軍に帰せられたのである。「B部　第八章　通例の戦争犯罪（残虐行為）」にある「連合国の抗議」の項目では、残虐行為に関する海外からの抗議については、陸軍側で回答内容が検討されていたと認定された。外務省は「規則的」に抗議を受信した省として位置づけられている。判決書では、捕虜政策の決定や捕虜の現地での取扱いなど、多くの責任が陸軍にあったと認定されることになったのである。

また、東郷茂徳によるジュネーヴ条約「準用」回答についても、その責任は追及されなかった。判決書は、東郷が「準用」回答を取り次いだ事実は記載しているが、外務省や東郷に責任があったとはしていない。東郷については、戦争犯罪に関して義務を怠ったという充分な証拠はない、との見解が示されている。

一方、重光については、弁護側の反証が影を落とした。重光は、連合国からの抗議を通して残虐行為の存在を知っていたにもかかわらず、閣僚として問題を調査させる充分な措置をとらなかった、判決書はこう認定している。判決書は、軍部が連合国から度重なる抗議を受けても、軍収容所の視察と日本人立会人なしでの捕虜との面会を拒絶し、捕虜の詳細な事項を知らせるのを怠ったことは、軍部が何か隠すべきことをもっていたという疑いを起させるものだったと指摘。そして、重光はこうした疑いを抱いていたにもかかわらず、問題を調査させる充分な措置を講じなかった、と判定したのである。管見の限りではあるが、閣僚としての重光の「不作為」を明示した証拠・証言は、先に確認した鈴木九萬証言以外にない。検察側の最終論告も、鈴木の証言を用いて、捕虜問題に対する重光の責任を追及していたのである（『速記録』第九巻）。

外務省関係の被告人への量刑

以上のような認定を前提に、判決書は各被告人の訴因への該当状況を確認、刑を宣告している。外務省関係被告人への判決は次のとおりである。広田弘毅（訴因一、二七、五五について有罪、絞首刑）、大島浩（訴因一について有罪、終身禁錮刑）、重光葵（訴因二七、二九、三一、三二、三三、五五について有罪、禁錮七年）、白鳥敏夫（訴因一について有罪、終身禁錮刑）、東郷茂徳（訴因一、二

七、二九、三一、三二について有罪、禁錮二〇年）。

ただし、重光については、①「共同謀議」の成立に無関係であったこと、②一九四三年四月に外務大臣になるまで、侵略戦争を遂行しなかったこと、③戦争犯罪の問題については、重光が外務大臣であった時には、軍部が完全に日本を支配していたので、軍部を非難するのはどのような日本人にとっても、大きな決意が必要だったであろうこと、をそれぞれ考慮すると判断された。該当訴因が多い重光が、他の被告人よりも軽い刑になったのはこのためである。

問われざる問題群と責任者

昭和天皇

審理で問われた問題と、不問に付された問題――。東京裁判の歴史的意義を考える上で、この問題は避けては通れない。本書のなかでも、東京裁判で充分に追及されなかった問題、特に海軍と外務省の問題については触れてきている。ここで、まだ本書で充分に紹介できていない問題や、若干言及はしているものの、改めて重点的に検討しておくべき「裁かれざる問題」について、その一端をみていくことにしたい。

第一に触れておかなければならないのは、昭和天皇の免責である。よく知られているように、占領軍は、天皇・天皇制を存置し、いわば占領政策に「利用」するという選択をした。一九四六年一月二五日、マッカーサーは、ドワイト・アイゼンハワーアメリカ陸軍参謀総長に宛てた電報のなかで、天皇の犯罪行為を示す明白な証拠は発見されなかったと報告、天皇の戦犯追及はすべきではないと伝えている。天皇を追及すれば、占領計画の重要な変更が不可欠となり、日本のゲリラ活動などへの対処として、一〇〇万の軍隊と数十万の行政官、戦時補給体制の確立が求められるようになる。マッカーサーはこうも述べている。

こうしたアメリカ側の動向もあって、国際検察局の被告人選定の作業でも、昭和天皇は除外され、裁判に証人として出廷することもなかった（以上、前掲『東京裁判への道』）。日本側の反発を回避するためにも、天皇免責は不可欠だったわけである。一九四六年四月三日、対日占領政策の最高決定機関である極東委員会も、非公式の「了解事項」という形で、天皇の不起訴に合意している（前掲『東京裁判』）。東京裁判では、「天皇の軍隊」と呼ばれた日本軍の残虐行為や、天皇制の下でなされた国策決定が議論の対象とされていたにもかかわらず、その根本に位置する天皇・天皇制の問題については、事実上追及のメスが入らなかったのである。これは日本の戦争責任を考える上で、重大な欠落だったといえよう。

のちに研究の進展により、天皇の戦争への関与の実態が本格的に解明されるようになるが（山田朗『大元帥昭和天皇』など）、それまでにはかなりの時日を要した。

もう一つは、東条を中心とする被告人の戦争責任が問われれば問われるほど、彼らを積極的に支持、あるいは容認した多くの日本民衆の責任が、等閑視されていったということである。吉見義明『草の根のファシズム』が詳細に明らかにしたように、日本の一連の戦争は、民衆レベルでの積極的な支持によっても支えられていた。戦争の開始は一部の指導者が決めたこと、という理解では戦争の実態をつかむことはできない。

「日本民衆」をめぐる問題

だが、東京裁判は「裁判国対被告人」という形式であり、あくまで対象になったのは被告人の責任である。そして、裁判では陸軍を中心とする軍部の責任が主な争点になっていった。先にみたように、判決書も、陸軍を中心とする軍国主義者が、いかにして日本民衆を教育、宣伝し、戦争に動員したのか、という文脈で戦時期の日本の国内政治を描いている。裁判で日本民衆はいわば「戦争に動員された者」という受け身の位置づけだった。自身の戦争責任を省察することなく、「悪かったのは東条英機などの被告人」という態度を、多くの者がとれる要素が、東京裁判には確かに存在していたのである。

最近の研究では、東京裁判の審理を受けて、民衆の戦争責任の問題や中国への戦争責任を視野に入れつつあった人びとも存在し、貴重な議論が占領下の日本で展開されていた事実が明らかにされている（吉見義明『焼跡からのデモクラシー』上）。だが一方で、東京裁判への反感や批判を表明する者、あるいは傍観者的な態度をとる者が広く存在していたことも事実だった（大沼保昭『東京裁判、戦争責任、戦後責任』。前掲『焼跡からのデモクラシー』上）。東京裁判は、日本民衆の戦争協力の問題や対アジア責任に関する議論を、民衆自身の手で進めてゆく契機にはなりにくかったのである。

水面下での戦争犯罪の免責

また、重大な戦争犯罪が事前に免責されていたことも重要である。特に顕著な事例が、日本軍の毒ガス戦と細菌戦の問題である。

一九三七年の日中戦争の開始以降、日本軍は大規模な毒ガス作戦を中国で展開していた。作戦が、陸軍参謀総長の命令に基づいて行われたケースもあり、陸軍中央も関与していたことが現在では明らかになっている。関係史料の発掘も進み、毒ガスの人体実験が行われていたことも広く知られるようになった。敗戦後、日本軍が大量の毒ガスを遺棄したため、現地の住民が漏れ出した毒ガスに触れて、健康被害を受ける事件も相次いで生じている。

だが、毒ガスの問題は東京裁判では追及されなかった。中国や国際検察局では、毒ガス問題を追及しようとする動きがあったものの、アメリカ軍の政治的な判断が働いたため免責されたのである。

日本軍の毒ガス戦を東京裁判で追及すれば、毒ガスの使用が国際法上完全に違法なものと判断されることになり、それがアメリカ軍の手を縛ることになる。日本の敗戦後、米ソ対立が顕在化するなかで、アメリカがソ連より優位にたてる毒ガス戦という手段を自ら失うことになる。以上が、アメリカ側の判断だった。

このような判断や動きを受けて、一九四六年五月三一日、アイゼンハワー陸軍参謀総長は、マッカーサー経由でキーナン主席検察官に対して、毒ガス戦の追及中止に関する電報を打電することになった。毒ガス戦はこうして免責されたのである（以上、吉見義明『毒ガス戦と日本軍』）。

もう一方の細菌戦も、アメリカの思惑が影を落とした。日本軍では、陸軍第七三一部隊による細菌兵器の開発が行われ、三〇〇〇人以上の人びとが人体実験の犠牲になったと推定されている。日中戦争ではたびたび細菌攻撃が行われ、現地の人びとに大きな犠牲が出た。また、人体実験については、陸軍中央にも報告が入っており、積極的に評価されていたのである。

しかし、日本の敗戦後、アメリカ側は人体実験などのデータを提供することを条件に、細菌戦に関係した七三一部隊関係者や医学者たちを免責した。七三一部隊や細菌戦の問題が、東京裁判で裁かれることはなかったのである（以上、吉見義明・伊香俊哉『七三一部隊と天皇・陸軍中央』、常石敬一『医学者たちの組織犯罪』、同『七三一部隊』、前掲『東京裁判ハンドブック』）。

これらの事件の免責は、単に関係者や軍中央の責任が不問に付されたという以上の意味を持っているように思われる。毒ガスの生産に関わった民間企業の問題、人間の生命を守るために存在するはずの医学者たちが、人体実験や細菌兵器の開発に深く関わったという事実。「戦争と企業」、「戦争と医学」、「科学者と倫理」など、重要な問題がここからは浮かび上がる。

なお、松村高夫の研究によれば、七三一部隊に関係した医師のなかには、戦後、医学博士の学位を取得した者や、大学の医学部長などの要職に就任した者が相当数いる（松村高夫「七三一部隊による細菌戦と戦時・戦後医学」『三田学会雑誌』一〇六巻一号）。「未完の戦争責任」の問題は、現在の私たちの日常生活とも密接不可分の関係にあるのだ。

日本の戦争指導で、決定的な役割を果たした者が裁かれていない――、これは東京裁判に限らず、BC級戦犯裁判など、日本に対する戦犯裁判全体の問題として、よく指摘されることである。

中堅幕僚の責任をめぐって

なかでも、重要な国策決定や作戦の立案などに関わった、中堅幕僚が裁かれなかったことを問題視する意見は多い。日本の戦争計画や作戦の立案などについては、こうした者たちが実質的な責任と権限を持つことが少なからずあった。しかし、東京裁判で裁かれたのは主に、中将、大将クラスの将軍・提督たちである。BC級戦犯裁判で、参謀などの幕僚が裁かれたケースもあるが、当然、すべての責任者を網羅できていたわけではない。

戦後、元陸軍少将の岩畔豪雄《いわくろひでお》は、陸軍省の軍事課長を務めていた時期をふり返り、こう回想している。

当時の国の大きな政策的のことが、幕僚共のもやもやした宴席から生まれて来るのが実情であったが、こんなことから考えると、東京裁判で裁かるべきは東条ではなく、むしろこの中堅幕僚であったと思う。

（「岩畔豪雄氏からの聴取事項摘録」一九六一年二月四日『陸軍少将岩畔豪雄　海軍少将横山一郎　同大佐実松譲　同中将前田稔聴取書』国立公文書館）。

岩畔は、一九三七年から一九四一年にかけて、陸軍参謀本部の部員や陸軍省軍事課長などの職にあり、自身も中堅幕僚として執務した経験を持っている。軍部内の実情を熟知した人物による指摘なだけに、かなりの説得力をもつ回想である。

国際法認識の問題

各省で、自己中心的な国際法の解釈が行われていたことは、これまでの叙述のなかでも触れてきた。ここでは若干の補足として、東京裁判で充分に議論されなかった海軍の国際法認識について触れておきたい。裁判では、海軍中央の残虐行為への関与は明らかにされず、訴因五四、五五（戦争法規違反の命令・授権・許可、戦争法規遵守の義務の無視）については嶋田繁太郎と岡敬純は無罪となっている。海軍は国際法遵守を心掛けた——、法廷ではこうした反証が繰り返され、「陸軍強硬」というイメージの定着と相俟って、一定の説得力を持つことになった。

だが、海軍の国際法や残虐行為に関する認識には、明らかに重大な問題があった。一九八七年八月の海軍反省会において、元海軍大佐の大井《おおい》篤《あつし》は、海軍による残虐行為に関連する議論のなかで次のように述べている。

要するに支那事変の頃からね、人間なんてものはどんどん、作戦ていうものが第一なんだと、勝てばいいんだと。勝つことなんだ。英米式秩序（に対抗するには）、新秩序は戦を勝って新秩序を作ればいいんだと。英米ていうのは、あのキリスト教、あーなんだ国際法なんて水っぽいことなんてやってられるかと、こういうことでしょ。

（前掲『［証言録］海軍反省会　九』。文中の（　）は原文）

勝てばそれでよい。国際法のような「水っぽいことなんてやってられるか」。こうした「空気」が日中戦争のころから、海軍にもあったという。国際法の無視・軽視という点では、陸軍のみならず、海軍にも大きな問題点があったことがわかる。海軍の国際法認識の問題は、東京裁判では事実上欠落していた。

勝者と敗者の負の連関性

裁判の根底を流れる「発想」

大沼保昭は、東京裁判には三つの「不在」があったと指摘している。一つは物理的な意味での不在である、天皇の不在。そしてもう一方が、象徴としての不在、すなわち「国民の不在」と「アジアの不在」である（前掲『東京裁判、戦争責任、戦後責任』）。象徴としての不在とは、物理的に「誰かがいる、いない」、「証拠が出ている、出ていない」という次元の問題を指しているのではない。「国民」や「アジア」が挙げられ、それらが「不在」とされているのは、国民の戦争責任の問題が棚上げされたことや、裁判で、アジアの人びとの視点が充分に確保されないまま裁判が進行したという歴史的事実を指している。

東京裁判での戦争犯罪の追及や、審理全体の問題点を考えるとき、特にこの「アジアの不在」という視点は重要である。大沼の指摘する「アジアの不在」とは、1、植民地主義体制を容認してきた伝統国際法の最後の段階で東京裁判が開かれたこと、2、全判事一一人のうちアジア出身の者は三人に過ぎず、人的被害の面からいえば合計で一割に満たない国々が、判事席の七割以上を占めたこと、3、代表を送り込むことができなかったアジア諸国が多く存在したこと、などの論点を提示するものである（同前）。

帝国主義、植民地主義を大前提とする、欧米諸国を中心とした裁き――。このことが、裁判の一連のプロセスや審理に深刻な影響を与えている。以下、これまで議論してきた内容も踏まえつつ、この問題を詳しく掘り下げてみたい。

東京裁判と帝国主義・植民地主義

開廷間もない頃から、裁判では帝国主義・植民地主義の影が見え隠れした。一九四六年五月一三日、清瀬一郎弁護人は、有名な管轄権動議を裁判所に提出した。裁判所には、「平和に対する罪」や「人道に対する罪」などを裁く権限はない。侵略戦争もそれ自体は不法なものではない。裁判所憲章も事後法である。弁護側は、こうした主張を展開することで、裁判の正当性を切り崩そうとしたのである。この動議をめぐって、検察側と弁護側で三日間にわたる激しい論争が展開される（『速記録』第一巻）。

翌一四日、引き続き弁護側が弁論を行っているが、これには次のような議論が含まれていた。この部分は英語だったが翻訳されていないため、日本語の『速記録』には記載されていない。以下の史料は、弁護側の資料に含まれていた弁論の和訳である。

起訴状の訴因第一、四、五、一三、二一、三〇、三七、三八、四三、四四、五三、五四及び第五五は、フィリッピン国に対する犯罪を主張せんとします限りにおいては、同国はアメリカ合衆国の一部なるゆえをもちまして、起訴状から抹消さるべきものであります。

該国と日本国との間に戦争が存在しなかったとしますと、戦争が存在したのは一九四一年一二月八日以降であり、日本とアメリカ合衆国に存せる交戦状態とアメリカ合衆国によりもたらされたる告訴のゆえをもちまして、フィリッピン共和国のなせる告訴はアメリカ合衆国の主張せる告訴に含まれ〔て〕おるものと信ずるものであります。

同様の理由により、起訴状における印度《いんど》に対する犯罪を主張する告訴は、印度が英帝国の一部であり、母国英国から独立せる自治権を所有しあらざるゆえに、しかも訴因第四に定義したところにより全英連邦による告訴は、印度を含んでいますゆえをもちまして、起訴状から抹消さるべきものと思います。

（「米国側弁護人の弁論全訳」『極東国際軍事裁判弁護関係資料二一〇』国立公文書館。傍線は引用者）

フィリピンは宗主国であるアメリカ合衆国の一部であり、インドも宗主国であるイギリスの一部である、との見解である。弁護側は、フィリピンの問題は、アメリカとイギリスの問題の一部として取り扱うべきであって、フィリピンとインドに関する訴因は削除すべきである、と主張しているのである。植民地支配の下にある人びとの問題は、彼ら自身の問題としてではなく、あくまで宗主国の問題として扱う。これは典型的な帝国主義・植民地主義の発想だった。

なお、引用史料のなかにある、訴因第四（太平洋諸国に対する侵略戦争の共同謀議）での定義とは、起訴状における「イギリス連邦」の定義のことである。起訴状での「イギリス連邦」の定義は、「『グレート・ブリテン』および北『アイルランド』連合王国」、オーストラリア連邦、カナダ、ニュージーランド、南アフリカ、インド、ビルマ、マレー連邦、そして、国際連盟に代表されないイギリス帝国の「他のすべての部分」を含むもの、とされていた（前掲「起訴状」）。

判決書と帝国主義・植民地主義

それでは、この問題について判事団はどのような認識をもっていたのだろうか。弁護側も指摘する訴因三〇（フィリピンへの侵略戦争の遂行）について、判決書の「C部　第九章　起訴状の訴因についての認定」は次のように記している。

起訴状の訴因第三〇においては、フィリッピン共和国に対して、侵略戦争が遂行されたと訴追されている。フィリッピン諸島は、戦争の期間中は、完全な主権国ではなかった。国際関係に関する限り、それはアメリカ合衆国の一部であった。フィリッピン諸島の人民に対して、侵略戦争が遂行されたことは、疑問の余地のないところである。理論的正確を期するために、われわれは、フィリッピン諸島の人民に対する侵略を、アメリカ合衆国に対する侵略戦争の一部であると考えることにする。

（傍線は引用者）

弁護側と同じく、「フィリピンはアメリカの一部」との認識である。このため、判事団は訴因三〇を判定外とする決定を下している。フィリピンは、判事と検察官を裁判に送り込んでいたが、最終的には「アメリカ合衆国の一部」として位置づけられることになったのである（以上の内容については、中村政則「明治維新と戦後改革」中村政則・天川晃・尹健次・五十嵐武士編『戦後民主主義』も参照のこと）。

また、アジア出身の判事も、欧米諸国の思想と決して無縁ではありえなかったということにも留意しておく必要がある。オランダ代表のレーリンク判事は、フィリピンのハラニーリャ判事についてこう回想する。いわく、「フィリピン判事は全体的にアメリカナイズされていました。彼はアメリカに協力したフィリピンの支配階級に属していました。彼の態度にはアジア的なところは一切ありませんでした」と（前掲『東京裁判とその後』）。長年にわたる植民地支配のなかで、宗主国の発想をいわば内面化させられていた植民地エリートたち。こうした問題も東京裁判に重大な影響を与えていたと考えられる。近年では、インドのパル判事のなかにも西欧帝国主義の発想が色濃く存在し、日本の中国侵略が事実上正当化されていたという事実も指摘されている（中里成章『パル判事』）。

「アジア人判事の出席＝アジアの視点の確保」という等式が、必ずしも成り立たないということが、弁護側や判事団の議論から明らかである。支配下に置かれていたアジアの人びとの主体性を奪い、帝国主義・植民地主義を前提に議論していたという点では、弁護団も判事団も同じだった。

東京裁判とレイシズム

帝国主義・植民地主義と並んで、裁判審理に深く刻印されていたのが、レイシズムの問題である。日本人の弁護人は、法廷から向けられた蔑視の視線を、敏感に感じ取っていた。たとえば、海軍側の弁護人だった瀧川政次郎は、自身の回想録にこう書きつける。

弁護人控室は一階と二階とにある。二階は大たい《ママ》アメリカ弁護人の部屋であり、一階はわれわれ日本人弁護人の部屋である。かように同じ弁護人であっても、日本人と欧米人とが差別されていることが、東京裁判劇場の一つの特色である。法廷において、傍聴人席が一般席と貴賓席とに区別されていることは、前に述べたとおりである。新聞記者席までが、外人記者席と日本人記者席とが区別されている。一階以上の便所は、欧米人専用便所であって、日本人は弁護人といえども使用することを許されない。〔中略〕花井忠弁護人がM・P〔憲兵隊のこと〕の目をかすめて二階の便所に入り、M・Pに発見せられて小言を言われておられるのを見たこともある。

便所ばかりではない。日本人と欧米人とでは、この劇場に入る出入口も違っている。われわれ日本人弁護人は正面の入り口はもちろん、被告の出入りする横側の入口から出入することも許されない。われわれは、建物の裏口か、横側の地下室の入口から弁護人の控室へ通った。

裁判の舞台で、露骨な人種差別が行われていたことがわかる。（前掲『新版　東京裁判をさばく』上）検察側の主張によれば、東京裁判は「文明による裁き」だったが、この「裁き」には、こうしたレイシズムが内包されていたということになる。

だが、ここで忘れてはならないことは、こうした蔑視を向けられた日本側も、他のアジアに対する優越意識や蔑視を持っていたということである。陸軍の武藤章は、一九四八年四月二三日付の日記のなかで、収監先のスガモプリズンでの生活についてこう述べている。「米将校達が、我々に不快を覚えしめぬように努めていることはわかる。しかし米国人の思い上った気持には、日本人を、黒人か比島人位にしか考えていないことを見逃してはならぬ」（前掲『比島から巣鴨へ』）。東京裁判では、裁く者と裁かれる者の双方のレイシズムが交差していたのである。

序列化された戦争被害

こうした強固な構造が裁判に存在するなかで、「白人」捕虜の問題が重視され、アジアの人びとの被害が無視・軽視されていったのである。

中国、フィリピン、インドは、検察官や判事を送り込めたが、これら以外のアジアの人びとは、代表を送り込むことができなかった。この結果、フィリピン以外の東南アジア地域については、これらの地域を支配していた旧宗主国によって追及が「代行」され、もっぱら「白人」捕虜の問題が論点となった。判事を送り込むことができたフィリピンの追及も、最終的には「アメリカ合衆国の一部」として扱われている。またすべての局面で、朝鮮、台湾の植民地支配に関する問題も無視されていた。

審理が終盤にさしかかると、追及の問題点はいっそう鮮明になった。一九四八年二月一一日、検察側は最終論告を開始、審理を通じて得た情報も踏まえながら、自身の最終的な見解を陳述している。一八日には、日本軍の残虐行為に関する陳述に入ったが、ここで日本軍による残虐行為は、「俘虜に関する最終論告」という項目で一括して扱われた。内容もジュネーヴ条約「準用」回答をはじめ、「白人」捕虜に関する問題が中心である。事実上、「通例の戦争犯罪」に関する陳述は、「『白人』捕虜に関する最終論告」に限りなく近いものだった。

また、検察側の追及方針全体のなかで、中国での戦争犯罪が軽視されていたことも重要である。「俘虜に関する最終論告」には、次のような記述があった。

日本政府は、南京強姦事件を承知していたのであります。そしてその後において、日本政府は日本軍隊が中国における戦闘及び太平洋戦争を通じて戦争犯罪を繰返さざるように警戒すべき理由を持っていたのであります。

（『速記録』第八巻。傍線は引用者）

〔南京事件以後から太平洋戦争以前にかけて、中国で生じていた残虐行為を紹介、その上で一九四一年一〇月に南支那派遣軍から海南島での残虐行為に関する報告が陸軍次官に発せられていたことに言及し、次のように指摘〕それは、日本政府が太平洋戦争中、戦争犯罪を犯すことに対して警戒をすべきであったという追加理由を与えたのであります。

（同前。傍線は引用者）

「俘虜に関する最終論告」は、太平洋戦争勃発後の中国での残虐行為については触れておらず、この二つの引用文に続く「太平洋戦争中における戦争犯罪が熟知されていたこと」の項目が扱っているのも、主に連合国軍捕虜の問題である。中国での戦争犯罪は、それ自体としてというよりは、日米開戦以後に生じた、欧米諸国に対する戦争犯罪の「前史」として認識されていたのである（以上、『速記録』第八巻、第九巻）。なお、最終論告に続いて、弁護側も最終弁論を行っているが、ここでも残虐行為は、「捕虜最終弁論」という項目で扱われ、その内容も「白人」捕虜虐待に関するものが中心だった（『速記録』第九巻、第一〇巻）。

「ポツダム宣言→裁判準備→審理→判決」という一連のプロセスをみてゆくと、連合国側と日本側の双方で、戦争被害に関する「序列」が生まれていったことが明らかである。すなわち、東京裁判での戦争犯罪の追及は、帝国主義・植民地主義・レイシズムという枠組みを前提としつつ、①「白人」捕虜、②「白人」民間人、③アジア人住民、④論点にすらならない植民地支配、という厳然とした「序列」に基づいて行われていた、ということである。こうしたなか、性暴力の問題など、審理で無視・軽視された問題は、その後も長く「不可視化」されてゆくことになった。

当然、こうした審理や判決は、「支配を受けた側」からすれば、到底受け入れることのできないものだった。終身禁錮刑を言い渡された南次郎と小磯国昭について、韓国政府は、この量刑では軽すぎると批判の声を上げている。一九四八年一一月一九日、韓国側は、審判国は日本の戦犯に対する認識が不足していると指摘、朝鮮関係の戦犯については韓国側の発言を必要とするにも拘わらず、何の被害調査や質問もなされずに判決が下された、と批判している（鄭栄桓「解放直後の在日朝鮮人運動と『戦争責任』論（一九四五—一九四九）」『日本植民地研究』二一八）。

以上のような裁きの問題もあって、裁判は被告人の戦争観を変化させるきっかけには、ほとんどならなかった。吉見義明は、「旧来の天皇観・国家観とともに、アジアに対する優越感・『帝国』意識は、崩壊をまぬかれ、敗戦後も頑強に生き続けていた」と指摘しているが（前掲『草の根のファシズム』）、これは東京裁判の被告人についても当てはまる。武藤章は、一九四八年八月二〇日付の日記にこう記している。

継続する「帝国意識」

韓国大統領は日本に対して、対馬の割譲と賠償とを要求する旨新聞記者に語った。如何なる根拠によるかは語っていない。独立でさえ覚束《おぼつか》ない癖に、隣国の不幸を倖に無法な要求をするものだ。これが朝鮮人の病根で、朝鮮の悲惨な過去の歴史は此所から発している。

（前掲『比島から巣鴨へ』）

すなわち、武藤は「朝鮮の悲惨な過去」を「朝鮮人の病根」に帰しているのである。また、朝鮮総督であった小磯国昭の回想にも重要な内容が含まれている。これは、検察側の『尋問調書』を検討した際に紹介した内容だが、改めて該当する部分を引用しておきたい。

裁判開廷前、検察側が行った尋問について小磯はこう回想する。

第三回目の訊問の時、検察官が「世間では貴下を朝鮮の虎と呼んでいたが、それはどう言う訳か」と訊ねるから「新聞にそういうことが載っているのを見たことがある。歴代総督中、恐らく私程朝鮮人を可愛がったものは他にはないと信ずるのですが、それにも拘らず私を朝鮮の虎等と呼んだのは、恐らく醜男である私の顔だけを見て悪口か戯談《じょうだん》をいうたものでしょう」と答えたら、検察官も婦人速記者も声を立てて笑っていた。

（前掲『葛山鴻爪』）

なお、小磯はこの回想録で、朝鮮総督時代に「朝鮮統治の大本」は、「朝鮮二千六百万の大衆を根底的に日本人化することと、時局貢献の為、極力生産増強に努むること」であり、「日韓併合成って既に三〇余年、実質において鮮内大衆の生活を向上し幸福化しつつある以上、今更独立させても果して現在迄に贏《か》ち得た文化生活を、維持向上出来るかどうかも気遣われるし、自然執るべき最良の方策は朝鮮人をして名実共に真の日本人たらしめることにあると謂《い》はなければならぬ」と考えていたと記している（同前）。

これらは、総督時代当時の見解を回想として述べたものなので、スガモプリズンに収監された後も、小磯がこうした見解を持ち続けていたかは判然としない部分がある。だが検察側への応答から、小磯が日本の植民地支配に対する責任を、ほとんど認識していなかったことは窺える。よく指摘されるように、植民地支配の下での「発展」とは、あくまでも宗主国である日本のための発展であった。また、差別を前提とした支配が多くの人びとを苦しめていたということも重要である。こうした根本的な認識が、小磯の議論からは欠落していた。

敗戦や東京裁判を経てもなお、被告人のアジアへの優越意識や「帝国意識」は根強く残存していたのである。

一九四八年一一月一二日――。多くの課題を残したまま、東京裁判は二年半にも及んだ審理に終止符を打った。被告人に対する判決結果は、絞首刑七人、終身禁錮一六人、禁錮二〇年一人、同七年一人であり、そのほか、公判中死亡二人（松岡洋右・永野修身）、免訴一人（大川周明）であった。東条英機など、七人の被告人への絞首刑が執行されたのは、同年一二月二三日のことである。

サンフランシスコ平和条約と戦後日本——エピローグ

戦犯裁判の早期終結へ

占領政策のなかでも、非軍事化政策の一環として重要な意味を持った戦犯裁判。しかし、米ソ冷戦の顕在化や東京裁判の長期化は事態を大きく動かした。占領や戦犯の追及にはコストがかかる。長期化する東京裁判にも莫大な費用が投じられていた。早く日本を経済的に自立させ、冷戦に対応したい。こうした考えが、アメリカで徐々に盛り上がりを見せた。連合国内で、戦犯の処罰を継続すると、日本人の連合国に対する反感が高まるのではないかとの懸念も出されていた。処罰から経済的自立へと、対日占領政策の舵は切られてゆく。

東京裁判の終了約一か月前にあたる一九四八年一〇月七日、アメリカの国家安全保障会議（ＮＳＣ）において、有名な「ＮＳＣ／一三／二」が決定された。ここでは、来るべき対日講和条約の性格や、占領政策全般に関するＮＳＣの「勧告」が記されている。

極秘

ＮＳＣ一三／二

アメリカの対日政策に関する勧告についての国家安全保障会議の勧告

講和条約〔中略〕

2　条約の性格

最終的交渉の結果、できる限り簡潔で、普遍的で、非懲罰的な条約を結ぶことを目的とすべきである。〔中略〕

占領政策〔中略〕

15　経済復興

アメリカの安全保障の利益に次いで、経済復興を、次期におけるアメリカの対日政策の主要目的となすべきである。〔中略〕

18　戦犯裁判

Ａ級戦犯裁判は終了し、判決待機中である。すべてのＢ級及びＣ級容疑者について、起訴の意図のない件については、釈放するという観点からの振分け審査を継続し、早急に結論を出すべきである。起訴すべき者の裁判はできる限り早期に開始し、結了すべきである。

（大蔵省財政史室編『昭和財政史』第一七巻、資料（1））

講和条約を、日本にとって「非懲罰的」なものとし、占領政策も経済復興を優先するべきとの考えである。戦犯裁判も、早期終了の方向性が打ち出された。戦争責任の追及は急速に収束へと向かうことになったのである。一九四九年二月二四日、極東委員会は「平和に対する罪」を扱う裁判を終結することで合意した（以上、前掲『東京裁判』、前掲『戦後補償から考える日本とアジア』）。こうして、日本と連合国は、「非懲罰的」な講和条約の締結に向けて動き出すことになった。

動き出すアメリカ

冷戦が深刻化するなか、平和条約の締結は、アメリカの安全保障政策にとってますます重要な課題となった。もはや日本の戦争責任を問うている場合ではない。一九五〇年一一月二四日に全文が公表された、アメリカの「対日講和七原則」では、日本と交戦したすべての国が賠償請求権を放棄するとされている。日本への賠償請求を軽減しようという、アメリカの政治的意図が色濃く反映された「原則」だった。こうした情勢下、日本が占領を脱して、国際社会へと復帰するための平和条約の草案が、アメリカ主導で作成されていった。

草案には、日本への賠償請求権放棄が盛り込まれていたが、フィリピンとイギリスの抵抗があって、いくつかの修正が生じた。すなわち、日本の賠償支払いの義務に関する規定と、元捕虜への補償に関する規定が盛り込まれたのである。捕虜への補償を要求したのは、いうまでもなくイギリスである（以上、サンフランシスコ平和条約と賠償、条約参加国の問題については、前掲『戦後補償から考える日本とアジア』、内海愛子「戦後史の中の『和解』」成田龍一・吉田裕編『記憶と認識の中のアジア・太平洋戦争』を参照。以下、サンフランシスコ平和条約と賠償についての叙述はこれらによる）。

サンフランシスコ平和条約と賠償

だが、日本にとって「寛大」という、条約の基本的な性格は全く変化しなかった。完成した条約の第一四条（a）項は、「日本国は、戦争中に生じさせた損害及び苦痛に対して、連合国に賠償を支払うべきことが承認される」としつつも、「存立可能な経済を維持すべきものとすれば、日本国の資源は、日本国がすべての前記の損害及び苦痛に対して、完全な賠償を行い、かつ、同時に他の債務を履行するためには、現在充分でないことが承認される」と但し書きしていた。しかも、ここで記されている日本が「承認される」賠償とは、金銭賠償のことではない。「生産、沈船引揚げ、その他の作業における日本人の役務《えきむ》」の提供である。日本にとっては賠償というよりも貿易としての性格が強い条文だったといえよう。これは、フィリピンや東南アジア諸国に強い不満の残る内容だった。

賠償請求権の放棄も条文で明記されている。第一四条（b）項は、「連合国は、連合国のすべての賠償請求権、戦争の遂行中に日本国及びその国民がとった行動から生じた、連合国及びその国民の他の請求権、並びに占領の直接軍事費に関する連合国の請求権を放棄する」と記している。賠償請求権の放棄が、条約でうたわれたのである。

賠償請求権放棄の「例外」

一方、連合国捕虜の問題については、イギリスの要求に従って、いわば賠償請求権放棄の「例外」ともいえる規程が盛り込まれた。条約の第一六条は、日本の在外資産を赤十字国際委員会経由で清算し、それによって生じた資金を元捕虜へ分配するという手順を定めている。この一六条の規定によって、イギリス、オーストラリア、オランダ、フランスなど、合計で二〇万三五九九人の元捕虜への賠償が実施された（アメリカは、すでに差し押さえた日本の財産収益から、捕虜に賠償を支払っていた）。

もう一つの大きな「例外」は、連合国の民間人抑留者の問題である。サンフランシスコ講和会議の議場外では、日本の吉田茂とオランダ代表との間で、「吉田・スティッカー協定」（一九五一年九月七日）が結ばれている。これは、オランダの民間人抑留者に対する賠償のために結ばれたもので、日本政府が、一〇〇〇万ドル相当のスターリング・ポンドを見舞金として提供するという内容であった。

サンフランシスコ平和条約に引き継がれた「序列」

最大の被害者であったアジアの人びとにとっては、賠償請求権の放棄や役務の提供といった条約の内容は、不満の残るものだった。内容に失望したビルマとインドは会議に欠席、フィリピンも条約に強い不満を表明し、条約に調印はしたものの批准は先送りにされた。インドネシアも条約の批准を無期延期している。

この会議から排除された人びとがいたということも、銘記しておく必要がある。アメリカとイギリスの間で、中国の二つの政府——中華人民共和国と中華民国——の正当性をめぐって対立が生じたため、中国は会議に招請されていない。また、大韓民国と朝鮮民主主義人民共和国のいずれの代表も招請されていない。

韓国は会議への参加を希望していたが、日本とイギリスの強硬な反対にあって実現しなかった。「韓国が署名国になれば、日本に在住する在日朝鮮人が補償などについて権利を主張することになる」（日本）、「韓国の署名を容認すれば、日本の植民地統治の合法性の否定につながる。これは、欧米の植民地統治自体を否定する議論につながる」（イギリス）、これが両者の反対理由だった。イギリスの意向に、アメリカも合意している。

以上から明らかなように、サンフランシスコ平和条約は、東京裁判で顕著にみられた序列――「『白人』捕虜―『白人』民間人―アジア住民―論点にすらならない植民地支配」――を、そのまま継承するものであった。また、日本の戦争責任についても、この条約には一言も記載されていない（前掲『日本人の戦争観』）。「自衛か侵略か」、「戦争責任はどこにあったのか」など、東京裁判で長大な時間をかけて議論がなされたにもかかわらず、である。

一九五一年九月七日、講和会議の席上で吉田茂は、サンフランシスコ平和条約は「復讐の条約ではなく、『和解と信頼』の文書であります。日本全権は、この公平寛大なる平和条約を欣然《きんぜん》（よろこんで物事を行うこと）受諾いたします」と述べている（外務省『サン・フランシスコ会議議事録』一九五一年、中央大学図書館）が、「公平寛大」との評価は、日本側の立場のみに立脚した時にしか成り立たない議論だった。

一九五一年九月八日、日本はサンフランシスコ平和条約に調印、条約が発効し、国際社会へ「復帰」したのは、翌年の四月二八日のことだった。

東京裁判の積み残した課題と私たち

最後に、本書で検討してきた内容もふりかえりながら、東京裁判と現在を生きる私たちの関係について考えておきたい。

東京裁判をめぐる一連のプロセスから見えてくる問題は多岐にわたっている。また、積み残された課題も極めて多い。帝国主義国間の合作裁判とでもいうべき東京裁判は、帝国主義・植民地主義・レイシズムといった、戦争や暴力を根本から支えた「発想」そのものに、追及のメスを入れなかった。むしろ裁判は、こうした「発想」を自明の前提とし、戦争の被害を「序列化」したため、アジアの被害が欧米諸国のそれに比べて、明らかに見えにくくされたのである。裁かれた者たちも、その多くが他のアジアへの優越意識を清算しないままだった。

また、裁判の過程からは「陸軍が戦争を主導した」という戦争観のもつ問題も浮かび上がる。こうした戦争観は、自身の責任を巧みに回避していった外務官僚や海軍軍人たちの果たした役割を、捨象することにつながりかねない。戦時期、自己中心的な国際法解釈をしていた外務省の問題、最終的には対米開戦にゴーサインを出した海軍の問題——、現在の官僚制や組織の問題にもつらなるこうした諸問題が、「陸軍主犯」の戦争観に基づく判決書では、充分に問われていない。裁判の問題点を指摘しようとすれば、他にもたくさんの問題を挙げることができる。

だが、ここで最も重要なことは、こうした未完の「課題」を、現在を生きる私たちがどのように認識するかである。帝国日本が行った戦争を支えた「発想」や「責任」が充分に問われず、うやむやにされた事件が多く存在していたのだとすれば、それは現在を生きる私たちの社会に、暴力を当然視する考え方や、再び加害者と被害者を生みかねない重大な問題が潜んでいる、ということでもある。東京裁判は、帝国日本の戦争にはらまれた問題群のうち、何がどのように裁かれ、逆に何が看過されてその後の社会に継続することになったのかを、映し出す鏡のような存在であるといってよい。

東京裁判の判決から、今年（二〇一八年）で七〇年がたつ。東京裁判の残した課題に対して、その後の世界や日本はどのように向き合ってきたのか。辛辣な表現をすれば、七〇年の間で、私たち人類がどこまで成長することができているのか。このことが改めて問われている。本書を、こうした作業を進めてゆくための第一歩としたい。

あとがき

「戦争責任」というテーマを研究すること自体を忌避する、何ともいえない「冷ややかな視線」を感じることが多くなった。「なんでいまさら?」「戦争の責任をめぐって『犯人捜し』をしても意味はない」。実際、ここまで露骨な言葉に接したことはないが、学界や社会の「空気」など、様々な場面でこうした「冷ややかな視線」を感じるようになった。戦争責任の問題にこだわり、学部生以来の研究を進めてきた私のような人間は、かなりの少数派になりつつあるのではないだろうか。

だが、私の人生にとって日本の近現代史、戦争責任の問題は、決して他人事ではありえない、身近な問題であり続けてきた。私の祖父は一九一七年生まれ、日中戦争に兵士として動員された経験を持つ。祖母は一九二四年生まれ、空襲の体験や、横浜港に停泊していたドイツ軍艦が爆発する現場を目撃した経験もあった。自宅から徒歩数分という至近距離に祖父母の家があったこともあり、私は幼いころから、祖父母の戦争体験を聞いて育つことになった。

祖父は中国戦線に送られ、地獄のような戦場を目の当たりにした。戦後数十年を経ても、戦場の記憶がよみがえり、夜中に悪夢にうなされていることもあった。祖母が、「軍国主義はやめた方がいい」とつぶやいていたことも、はっきり覚えている。日本軍は中国で何をしたのか。日本の戦争とは何だったのか。日本の責任はどのように裁かれたのか。こうした素朴な問題意識が、私のなかで育っていった。

学部、大学院、そして現在と、これまで日本の近現代史や戦争責任の問題について、いろいろな文章を発表してきた。私の大学の講義やゼミも、日本の戦争と「戦後」をメインテーマにしている。幼いころから持ち続けてきた問題意識は、私の全ての仕事に貫かれていると思う。そして、これまでの私の研究の集大成が本書である。

本書を書き終えてみて改めて感じることは、戦争責任問題の追究は、単なる「犯人捜し」ではないということである。人間の心を、暗黙の裡に支配している差別意識や偏見など、暴力や抑圧を支えてしまう危険因子を、戦争犯罪や戦争裁判といった様々な事例から一つ一つ確認してゆく作業、そして、今を生きる私たちが、こうした危険因子をどこまで克服することができているのかを測定する作業。先達による多くの研究で、すでに示されていることではあると思うが、これらが「戦争責任・戦後責任を考える」ということなのだと思う。新たな加害者や被害者を生まないための重要なヒントが、このテーマには含まれている。読者の方々に、こうしたテーマの重要性や、歴史学という手法を使うことで見えてくる重要な問題があるということを、少しでも実感していただければと念じている。

本書は、一般書として書き下ろしたものだが、これまで私が執筆してきた論文に依拠した箇所もある。本書の内容の原型となった主な論文を以下に挙げておく。

「戦犯の『戦後』—戦犯の戦争責任観・戦争観・戦後社会観」（『季刊　戦争責任研究』第七八号、日本の戦争責任資料センター、二〇一二年一二月）

「東京裁判と日本海軍—審理過程と弁護側の裁判対策に着目して」（『日本史研究』第六〇九号、二〇一三年五月）

「東京裁判の史的研究—検察側・弁護側の裁判準備と審理過程に関する分析から」（一橋大学大学院社会学研究科博士論文、二〇一五年三月）

「序列化された戦争被害—東京裁判の審理と『アジア』」（『年報・日本現代史』第二一号、

現代史料出版、二〇一六年）

なお、本書は一般書ということもあり、東京裁判の詳しい研究史については触れていない。最近の研究状況については、拙稿「戦犯裁判研究の現在」（『歴史評論』第七九九号、校倉書房、二〇一六年一一月）をお読みいただければ幸いである。

最後に、本書の成立を語る上で欠かせない、私の「三つの幸運」を記しておきたい。

一つ目の幸運は、私のお手本となってくださる先生方と出会えたことである。歴史学者のもつ社会への責任とは何か、ご自身の仕事を通して教えてくださった、吉見義明先生（中央大学名誉教授）。どんなに多忙でも研究・授業に全力投球し、大学教員・研究者のあり方を示してくださった、吉田裕先生（一橋大学大学院特任教授）。何の業績もない学部生だった私を共同研究にお誘いいただき、東京裁判というテーマと出会うきっかけを与えてくださった内海愛子先生（大阪経済法科大学特任教授）。また、大沼保昭先生（東京大学名誉教授）の名著『戦争責任論序説』（東京大学出版会、一九七五年）は、研究者としての私の目標であり続けている。先生方を目標としながら、引き続き精進したいと思う。

第二は、素晴らしい学問の仲間を得られたこと。前任校である一橋大学社会学部の授業では、学問を愛し、学問を使って思索する、熱意溢れる受講生の皆さんと出会うことができた。授業では、学問の本質をつく議論が毎回のように繰り広げられていた。今でも社会学部の学生のみなさんとは、勉強会などで議論を続けているが、私の研究と生活にとって欠かせない場となっている。執筆は、自分の限界を容赦なくつきつけられる作業でもあるので、体力的にも精神的にも追い詰められる時もあったが、みなさんの存在が心の支えとなり、どうにか乗り越えることができた。

現在、私は吉見義明先生の後任として、中央大学商学部に勤務しているが、原資料を読み込むなど、努力を重ねるゼミ生にも出会うことができた。

そして、三つ目の幸運は、吉川弘文館の若山嘉秀氏から執筆を依頼され、編集を担当いただけたことである。たくさんの読者を得てきた歴史学の名シリーズに値する本にしなければならないという重圧感との闘いは、正直本当に大変だったが、執筆は楽しかった。

以上の三つの幸運を与えて下さった皆様に心より御礼申し上げます。

二〇一八年七月二六日

宇田川幸大

参考文献

＊本書のなかで言及した文献を中心に掲げた。

【刊行書】

粟屋憲太郎『東京裁判論』大月書店、一九八九年

粟屋憲太郎『東京裁判への道』講談社学術文庫、二〇一三年

五百旗頭真『日米戦争と戦後日本』講談社学術文庫、二〇〇五年

伊香俊哉『満州事変から日中全面戦争へ』吉川弘文館、二〇〇七年

井口武夫『開戦神話—対米通告はなぜ遅れたのか』中央公論新社、二〇〇八年

井上寿一『危機のなかの協調外交—日中戦争に至る対外政策の形成と展開』山川出版社、一九九四年

宇田川幸大「日本海軍と『潜水艦事件』—作戦立案から東京裁判まで」『季刊　軍事史学』第四七巻第一号、錦正社、二〇一一年六月

宇田川幸大「戦犯の『戦後』—戦犯の戦争責任観・戦争観・戦後社会観」『季刊　戦争責任研究』第七八号、日本の戦争責任資料センター、二〇一二年一二月

宇田川幸大「東京裁判と日本海軍—審理過程と弁護側の裁判対策に着目して」『日本史研究』第六〇九号、二〇一三年五月

宇田川幸大「序列化された戦争被害—東京裁判の審理と『アジア』」『年報・日本現代史』第二一号、現代史料出版、二〇一六年

宇田川幸大「戦犯裁判研究の現在」『歴史評論』第七九九号、校倉書房、二〇一六年一一月
内海愛子「加害と被害—民間人の抑留をめぐって」歴史学研究会編『講座世界史8　戦争と民衆』東京大学出版会、一九九六年
内海愛子『スガモプリズン—戦犯たちの平和運動』吉川弘文館、二〇〇四年
内海愛子『日本軍の捕虜政策』青木書店、二〇〇五年
内海愛子『戦後補償から考える日本とアジア』第二版、山川出版社、二〇一〇年
内海愛子・石田米子・加藤修弘編『ある日本兵の二つの戦場—近藤一の終わらない戦争』社会評論社、二〇〇五年
内海愛子・上杉聰・福留範昭『遺骨の戦後—朝鮮人強制動員と日本』岩波ブックレット、二〇〇七年
内海愛子「戦後史の中の『和解』—残された植民地支配の清算」成田龍一・吉田裕編『記憶と認識の中のアジア・太平洋戦争—岩波講座アジア・太平洋戦争　戦後篇』岩波書店、二〇一五年
NHKスペシャル取材班『日本海軍四〇〇時間の証言—軍令部・参謀たちが語った敗戦』新潮社、二〇一一年
大沼保昭『戦争責任論序説—「平和に対する罪」の形成過程におけるイデオロギー性と拘束性』東京大学出版会、一九七五年
大沼保昭『東京裁判、戦争責任、戦後責任』東信堂、二〇〇七年
大沼保昭『国際法—はじめて学ぶ人のための』新訂版、東信堂、二〇〇八年
笠原十九司『南京事件』岩波新書、一九九七年
清瀬一郎『秘録　東京裁判』中公文庫、一九八六年

須藤眞志『真珠湾〈奇襲〉論争―陰謀論・通告遅延・開戦外交』講談社選書メチエ、二〇〇四年
瀧川政次郎『新版　東京裁判をさばく』上、創拓社、一九七八年
鄭栄桓「解放直後の在日朝鮮人運動と『戦争責任』論（一九四五―一九四九）―戦犯裁判と『親日派』処罰をめぐって」『日本植民地研究』二八、二〇一六年六月
常石敬一『七三一部隊―生物兵器犯罪の真実』講談社現代新書、一九九五年
常石敬一『医学者たちの組織犯罪―関東軍第七三一部隊』朝日文庫、一九九九年
東京裁判ハンドブック編集委員会編『東京裁判ハンドブック』青木書店、一九八九年
戸谷由麻『東京裁判―第二次大戦後の法と正義の追求』みすず書房、二〇〇八年
豊田隈雄『戦争裁判余録』泰生社、一九八六年
永井均『フィリピンと対日戦犯裁判　一九四五―一九五三年』岩波書店、二〇一〇年
中里成章『パル判事―インド・ナショナリズムと東京裁判』岩波新書、二〇一一年
中村政則「明治維新と戦後改革」中村政則・天川晃・尹健次・五十嵐武士編『戦後民主主義』岩波書店、一九九五年
秦郁彦『決定版　日本人捕虜―白村江からシベリア抑留まで』上・下、中公文庫、二〇一四年
服部龍二『広田弘毅―「悲劇の宰相」の実像』中公新書、二〇〇八年
林博史『戦犯裁判の研究―戦犯裁判政策の形成から東京裁判・BC級裁判まで』勉誠出版、二〇一〇年
林房雄『大東亜戦争肯定論』番町書房、一九六四年
日暮吉延『東京裁判の国際関係―国際政治における権力と規範』木鐸社、二〇〇二年
日暮吉延『東京裁判』講談社現代新書、二〇〇八年

冨士信夫『私の見た東京裁判』上、講談社学術文庫、一九八八年
ダグラス・マッカーサー著、津島一夫訳『マッカーサー大戦回顧録』下、中公文庫、二〇〇三年
松村高夫「七三一部隊による細菌戦と戦時・戦後医学」『三田学会雑誌』一〇六巻一号、二〇一三年四月
丸山眞男「軍国支配者の精神形態」『潮流』潮流社、一九四九年五月
森茂樹「大陸政策と日米開戦」歴史学研究会・日本史研究会編『日本史講座九　近代の転換』東京大学出版会、二〇〇五年
山田朗『大元帥昭和天皇』新日本出版社、一九九四年
吉川利治『泰緬鉄道―機密文書が明かすアジア太平洋戦争』再版、雄山閣、二〇一一年
吉田裕『昭和天皇の終戦史』岩波新書、一九九二年
吉田裕『現代歴史学と戦争責任』青木書店、一九九七年
吉田裕『日本人の戦争観―戦後史のなかの変容』岩波現代文庫、二〇〇五年
吉田裕『日本軍兵士―アジア・太平洋戦争の現実』中公新書、二〇一七年
吉見義明『草の根のファシズム―日本民衆の戦争体験』東京大学出版会、一九八七年
吉見義明・伊香俊哉『七三一部隊と天皇・陸軍中央』岩波ブックレット、一九九五年
吉見義明『従軍慰安婦』岩波新書、一九九五年
吉見義明『毒ガス戦と日本軍』岩波書店、二〇〇四年
吉見義明『焼跡からのデモクラシー』上・下、岩波現代全書、二〇一四年
歴史教育者協議会編、大日方純夫・山田朗・早川紀代・石山久男著『日本社会の歴史　下　近代～現

代』大月書店、二〇一二年
B・レーリンク「いまこそ裁判の成果の実現を」（聞き手　大沼保昭）『中央公論』中央公論社、一九八三年八月号
B・V・A・レーリンク、A・カッセーゼ編／序、小菅信子訳『東京裁判とその後―ある平和家の回想』中公文庫、二〇〇九年

【刊行資料】

粟屋憲太郎・安達宏昭・小林元裕編、岡田良之助訳『東京裁判資料・田中隆吉尋問調書』大月書店、一九九四年
粟屋憲太郎・永井均・豊田雅幸編集・解説『東京裁判への道―国際検察局・政策決定関係文書』全五巻、現代史料出版、一九九九年
粟屋憲太郎・吉田裕編集・解説『国際検察局（IPS）尋問調書』全五二巻、日本図書センター、一九九三年
内海愛子・宇田川幸大・カプリオ マーク編集・解説『東京裁判―捕虜関係資料』全三巻、現代史料出版、二〇一二年
大蔵省財政史室編『昭和財政史―終戦から講和まで』第一七巻、資料（1）、東洋経済新報社、一九八一年
外務省編纂『日本外交年表並主要文書』再版、原書房、一九六九年
北博昭編『東京裁判―大山文雄関係資料』不二出版、一九八七年

小磯国昭自叙伝刊行会編『葛山鴻爪』中央公論事業出版、一九六三年
重光葵著、伊藤隆・渡邊行男編『重光葵手記』第三版、中央公論社、一九八八年
東郷茂徳『時代の一面―東郷茂徳外交手記〔普及版〕』原書房、二〇〇五年
戸高一成編『［証言録］海軍反省会九』ＰＨＰ研究所、二〇一六年
新田満夫編『極東国際軍事裁判速記録』全一〇巻、雄松堂書店、一九六八年
細谷千博・佐藤元英編集・解説『日米交渉関係調書集成Ⅱ』現代史料出版、二〇〇九年
毎日新聞政治部編集、内海愛子・永井均監修・解説『新聞史料にみる東京裁判・ＢＣ級裁判』全二巻、現代史料出版、二〇〇〇年
武藤章『比島から巣鴨へ―日本軍部の歩んだ道と一軍人の運命』中公文庫、二〇〇八年
吉見義明監修／内海愛子・宇田川幸大・高橋茂人・土野瑞穂編『東京裁判―性暴力関係資料』現代史料出版、二〇一一年
ジョン・Ｇ・ルース著、山田寛訳、日暮吉延監修『スガモ尋問調書』読売新聞社、一九九五年

【未刊行資料】

外務省『サン・フランシスコ会議議事録』一九五一年、中央大学図書館
『東京裁判関係重要史料』防衛省防衛研究所戦史研究センター史料室
法務省司法法制調査部『戦争犯罪裁判関係資料』国立公文書館
法務大臣官房司法法制調査部編『戦争犯罪裁判概史要』一九七三年
法務大臣官房司法法制調査部『清瀬一郎（東条英機）、神崎正義（畑俊六）聴取書』靖国偕行文庫室

著者紹介

一九八五年、神奈川県に生まれる

二〇一五年、一橋大学大学院社会学研究科博士後期課程修了

現在、中央大学商学部助教、博士（社会学・一橋大学）

主要編著書・論文

『東京裁判―捕虜関係資料―』全三巻（共編、現代史料出版、二〇一二年）

「東京裁判と日本海軍―審理過程と弁護側の裁判対策に着目して―」（『日本史研究』第六〇九号、二〇一三年五月）

「序列化された戦争被害―東京裁判の審理と『アジア』―」（『年報・日本現代史』第二一号、現代史料出版、二〇一六年）

「戦犯裁判研究の現在」（『歴史評論』第七九九号、二〇一六年一一月）

「戦争犯罪裁判と被告人―戦犯と中国の戦争被害―」（『商学論纂』第五八巻第五・六号、二〇一七年三月）

歴史文化ライブラリー
476

考証 東京裁判
戦争と戦後を読み解く

二〇一八年（平成三十）十月一日 第一刷発行

著　者　宇《う》田《だ》川《がわ》幸《こう》大《た》

発行者　吉川道郎

発行所　株式会社 吉川弘文館

東京都文京区本郷七丁目二番八号
郵便番号一一三―〇〇三三
電話〇三―三八一三―九一五一〈代表〉
振替口座〇〇一〇〇―五―二四四
http://www.yoshikawa-k.co.jp/

印刷＝株式会社 平文社
製本＝ナショナル製本協同組合
装幀＝清水良洋・高橋奈々

ISBN978-4-642-05876-6

歴史文化ライブラリー

1996. 10

刊行のことば

現今の日本および国際社会は、さまざまな面で大変動の時代を迎えておりますが、近づきつつある二十一世紀は人類史の到達点として、物質的な繁栄のみならず文化や自然・社会環境を謳歌できる平和な社会でなければなりません。しかしながら高度成長・技術革新にともなう急激な変貌は「自己本位な刹那主義」の風潮を生みだし、先人が築いてきた歴史や文化に学ぶ余裕もなく、いまだ明るい人類の将来が展望できていないようにも見えます。このような状況を踏まえ、よりよい二十一世紀社会を築くために、人類誕生から現在に至る「人類の遺産・教訓」としてのあらゆる分野の歴史と文化を「歴史文化ライブラリー」として刊行することといたしました。

小社は、安政四年（一八五七）の創業以来、一貫して歴史学を中心とした専門出版社として書籍を刊行しつづけてまいりました。その経験を生かし、学問成果にもとづいた本叢書を刊行し社会的要請に応えて行きたいと考えております。

現代は、マスメディアが発達した高度情報化社会といわれますが、私どもはあくまでも活字を主体とした出版こそ、ものの本質を考える基礎と信じ、本叢書をとおして社会に訴えてまいりたいと思います。これから生まれでる一冊一冊が、それぞれの読者を知的冒険の旅へと誘い、希望に満ちた人類の未来を構築する糧となれば幸いです。

吉川弘文館